Prayers for new believer

무릎으로 드리는
새신자 기도문

무릎으로 드리는
새신자 기도문

초판 1쇄 발행 2015년 06월 10일
초판 7쇄 인쇄 2024년 07월 22일

지 은 이 | 노진향
펴 낸 이 | 황성연
펴 낸 곳 | 도서출판 청우
등록번호 | 제 2001-000055호
주 문 처 | 하늘물류센타
주　　소 | 경기도 파주시 광탄면 혜음로 883번길 39-32
연 락 처 | (031)-906-0011 | **팩스** (0505)-365-0011

ISBN 978-89-94846-27-9 03230

이책은 저작권법에 의해 보호를 받는 저작물이므로 무단전재 및 복제를 금합니다. 잘못 만들어진 책은 구입하신 서점에서 바꾸어 드립니다.

책 값은 뒤표지에 있습니다

Prayers for new believer

무릎으로 드리는
새신자 기도문

노진향 지음

청우

CONTENTS

이 책의 효과적인 사용을 위한 안내 10

기도를 하기 전에 11

Part 1. 교회생활을 위한 기도문

신앙의 첫발을 내딛을 때의 기도
신앙의 양육을 잘 받게 하소서 23

구원의 확신을 위한 기도
구원의 확신이 있게 하소서 25

즐거운 교회 생활을 위한 기도
즐거운 교회 생활이 되게 하소서 27

주일을 잘 지키기 위한 기도
주일을 잘 지키게 하소서 29

예배를 잘 드리기 위한 기도
예배를 사모하게 하소서 31

말씀을 잘 듣기 위한 기도
말씀을 잘 듣게 하소서 33

성경을 가까이 하기 위한 기도
성경을 가까이 하게 하소서 35

바른 헌금생활을 위한 기도
드리는 기쁨이 있게 하소서 37

믿음의 성장을 위한 기도
믿음이 자라나게 하소서 39

기도생활을 하기 위한 기도
기도를 사랑하게 하소서 41

신앙모임의 참석을 위한 기도
모임에 잘 참석하게 하소서 43

전도를 하기 위한 기도
전도의 열매를 맺게 하소서 45

은혜를 깨닫기 위한 기도
은혜를 받게 하소서 47

복을 받기 위한 기도
넘치는 복으로 채워 주소서 49

십일조 생활을 하기 위한 기도
십일조 생활을 하게 하소서 51

성령 충만을 위한 기도
성령 충만하게 하소서 53

봉사활동을 위한 기도
주님의 도구로 쓰임받게 하소서 55

회개하기를 원할 때의 기도
은혜를 베푸소서 57

적극적인 신앙생활을 위한 기도
신앙생활에 적극적이게 하소서 59

새벽기도를 하기 위한 기도
새벽기도에 도전하게 하소서 61

주님께 기쁨이 되기 위한 기도
주님께 기쁨이 되게 하소서 63

이단에게 미혹되지 않기 위한 기도
이단을 경계하게 하소서 65

Part 2. 일상생활을 위한 기도문

하루를 시작할 때의 기도
복 있는 하루가 되게 하소서 69

식사를 시작할 때의 기도
필요한 자양분이 되게 하소서 71

운전을 시작할 때의 기도
핸들을 잡아 주소서 73

잠자리에 들 때의 기도
단잠을 잘 수 있게 하소서 75

감사하는 삶을 위한 기도
범사에 감사하게 하소서 77

겸손의 삶을 위한 기도
겸손한 삶이 되게 하소서 79

기쁨의 삶을 위한 기도
항상 기뻐하며 살게 하소서 81

긍정의 삶을 위한 기도
긍정의 삶이 되게 하소서 83

꿈과 비전과 목표를 위한 기도
꿈과 비전과 목표가 있게 하소서 85

복된 언어 생활을 위한 기도
복된 언어 습관을 갖게 하소서 87

열등감을 떨쳐버리기 위한 기도
만족하는 삶을 살게 하소서 89

품을 수 있는 삶이되기 위한 기도
온유한 마음을 갖게 하소서 91

바른 물질관을 갖기 위한 기도
잘 관리하고 다스릴 수 있게 하소서 93

안전한 삶을 위한 기도
지키시고 보호하여 주소서 95

친절한 삶을 위한 기도
친절한 삶을 살게 하소서 97

아름다운 사귐을 위한 기도
아름다운 사귐이 있게 하소서 99

바른 결단을 위한 기도
바른 결단을 내리게 하소서 101

불평의 마음을 바꾸기 위한 기도
제 마음을 변화시켜 주소서 103

온유한 삶이되기 위한 기도
온유한 성품이 되게 하소서 105

분별의 지혜가 있기 위한 기도
분별의 지혜가 있게 하소서 107

건강할 때의 기도
주님의 영광을 위하여 힘쓰게 하소서 109

신앙의 삶의 위한 기도
신앙의 삶이 되게 하소서 111

Part 3. 치유를 위한 기도문

마음의 상처를 받았을 때의 기도
밝은 빛으로 다스려 주소서 115

억울한 일을 당했을 때의 기도
주님의 마음을 품게 하소서 117

마음이 불안할 때의 기도
불안의 늪에서 건지소서 119

용서의 삶을 위한 기도
용서하며 살게 하소서 121

물질의 어려움을 당할 때의 기도
물질의 복을 더하소서 123

힘들고 지쳤을 때의 기도
크신 팔로 감싸 안으소서 125

환경의 어려움이 찾아왔을 때의 기도
믿음이 성장할 수 있게 하소서 127

환경의 어려움이 깊어질 때의 기도
속히 구원하소서 129

외로움이 밀려올 때의 기도
어두운 마음을 만져 주소서 131

배신을 당했을 때의 기도
멍든 마음을 어루만지소서 133

안 좋은 일이 반복될 때의 기도
생명의 빛을 비추소서 135

재난을 당했을 때의 기도
믿음으로 이겨내게 하소서 137

죽고 싶은 생각이 들 때의 기도
산 소망을 심어 주소서 139

핍박을 당할 때의 기도
주님만을 바라보게 하소서 141

심한 피로감에 시달리고 있을 때의 기도
생기를 불어넣어 주소서 143

가슴이 답답할 때의 기도
생수로 씻어 주소서 145

희망이 보이지 않을 때의 기도
제 삶을 어루만져 주소서 147

오해가 발생했을 때의 기도
하늘의 지혜를 주소서 149

잘못된 습관을 고치고 싶을 때의 기도
의지의 한계를 뛰어넘게 하소서 151

질병에 걸렸을 때의 기도
승리하게 하소서 153

입원했을 때의 기도
더러운 병균을 태워 주소서 155

수술 받을 때의 기도
수술이 잘되게 하여 주소서 157

Part 4. 가정생활을 위한 기도문

가정을 위한 기도(1)
기쁨의 가정이 되게 하소서 161

가정을 위한 기도(2)
감사하는 가정이 되게 하소서 163

가정을 위한 기도(3)
화평한 가정이 되게 하소서 165

가정을 위한 기도(4)
믿음이 가정이 되게 하소서 167

행복한 부부가 되기 위한 기도(1)
행복한 부부가 되게 하소서 169

행복한 부부가 되기 위한 기도(2)
정다운 부부로 살게 하소서 171

행복한 부부가 되기 위한 기도(3)
필요를 느끼는 부부이게 하소서 173

행복한 부부가 되기 위한 기도(4)
잘못됨을 보이지 않는 부부이게 하소서 175

자녀를 위한 기도(1)
훈계를 잘 받게 하소서 177

자녀를 위한 기도(2)
학습의 습관과 태도가 좋게 하소서 179

자녀를 위한 기도(3)
칭찬을 받을 수 있게 하소서 181

자녀를 위한 기도(4)
꼭 필요한 사람이 되게 하소서 183

좋은 부모가 되기 위한 기도(1)
진실한 부모이게 하소서 185

좋은 부모가 되기 위한 기도(2)
인격적인 부모이게 하소서 187

좋은 부모가 되기 위한 기도(3)
닮고 싶은 부모이게 하소서 189

좋은 부모가 되기 위한 기도(4)
영적인 부모이게 하소서 191

이 책의 효과적인 사용을 위한 안내

1. 기도하고 싶을 때 언제나 사용하십시오.
2. 기도할 때 먼저 〈약속의 말씀〉을 소리 내어 읽으면서 묵상하십시오. 말씀의 능력을 경험하게 될 것입니다.
3. 기도문을 읽을 때 진지한 마음으로 진실을 담아 천천히 읽으십시오. 기도의 주체자(host)는 자신임을 잊지 말아야 합니다.
4. 한편의 기도문을 읽을 때, 반복하여 읽는 것이 기도생활에 유익이 됩니다.
5. 특별히 가슴에 와 닿는 기도 문장이 있다면 계속 반복하여 읽는 것도 좋습니다.
6. 한쪽 손을 가슴에 대고 기도문을 읽어 보십시오. 기도의 내용이 가슴으로 전달되는 것을 느낄 것입니다.
7. 기도한 날짜를 체크해 보십시오. 이 기도문은 단지 읽기 위한 것이 아니라, 당신이 기도할 수 있도록 돕기 위한 것임을 항상 마음에 새겨 두셔야 합니다.
8. 교회 같은 특별한 기도처에서도, 이 기도책을 참고하면서 자신의 생활을 놓고 기도하실 수 있습니다.

기도를 하기 전에

1. 기도란 무엇인가요?

기도는 하나님이 그 자녀에게 주신 하나의 특권입니다. 그러므로 그리스도인만이 기도할 수 있고, 그리스도인에게 있어서 기도는 생명입니다.

태중에 있는 어린 생명은 탯줄을 통하여 어머니에게서 생명을 공급받습니다. 이와 같이 그리스도인은 기도 줄을 통해 하나님으로부터 은혜와 능력의 생명을 공급받는 것입니다. 하나님과 대화(기도)하지 않고는 그분의 사랑을 체험할 수 없으며, 응답을 내 것으로 삼을 수 없습니다. 그리고 하나님이 원하시는 방향으로 쓰임 받을 수도 없습니다. 그러므로 그리스도인에게 있어서 기도는 우선적이고 절대적인 것입니다.

예수님도 기도하셨고, 그의 제자들도 기도했습니다. 구약과 신약에 나오는 모든 하나님의 사람들은 한결같이 기도의 사람들이었습니다. 그들은 기도를 사랑했고 기도를 통해 하나님의 능력과 은혜를 체험했습니다. 그들에게 있어서 기도는 바로 하나님과 직결되는 생명줄이었던 것입니다. 그러므로 기도 없는 신앙생활은 상상도 할 수 없는 일입니다. 기도가 늘 신앙생활의 중심이 되도록 해야만 합니다.

2. 기도가 주는 유익

1) 죄를 깨닫게 합니다
"나의 죄악이 얼마나 많으니이까 나의 허물과 죄를 내게 알게 하옵소서" (욥 13:23)

2) 죄의 용서를 구하게 합니다
"하나님이여 주의 인자를 따라 내게 은혜를 베푸시며 주의 많은 긍휼을 따라 내 죄악을 지워 주소서" (시 51:1)

3) 하나님의 뜻을 깨닫게 합니다
"내가 말하겠사오니 주는 들으시고 내가 주께 묻겠사오니 주여 내게 알게 하옵소서 내가 주께 대하여 귀로 듣기만 하였사오나 이제는 눈으로 주를 뵈옵나이다" (욥 42:4, 5)

4) 하나님의 말씀에 순종하게 합니다

"내가 전심으로 주를 찾았사오니 주의 계명에서 떠나지 말게 하소서" ^(시 119:10)

5) 하나님께 영광을 돌리게 합니다
"너희가 내 이름으로 무엇을 구하든지 내가 행하리니 이는 아버지로 하여금 아들로 말미암아 영광을 받으시게 하려 함이라" ^(요 14:13)

6) 일용할 양식을 구하게 합니다
"오늘 우리에게 일용할 양식을 주시옵고" ^(마 6:11)

7) 질병을 낫게 합니다
"너희 중에 병든 자가 있느냐 그는 교회의 장로들을 청할 것이요 그들은 주의 이름으로 기름을 바르며 그를 위하여 기도할지니라 믿음의 기도는 병든 자를 구원하리니 주께서 그를 일으키시리라 혹시 죄를 범하였을지라도 사하심을 받으리라 그러므로 너희 죄를 서로 고백하며 병이 낫기를 위하여 서로 기도하라 의인의 간구는 역사하는 힘이 큼이니라" ^(약 5:14~16)

8) 시험에 들지 않고 악에 빠지지 않게 합니다

"우리를 시험에 들게 하지 마시옵고 다만 악에서 구하시옵소서" (마 6:13)

9) 모든 계획이 하나님께 있음을 알게 합니다

"너의 행사를 여호와께 맡기라 그리하면 네가 경영하는 것이 이루어지리라" (잠 16:3)

10) 성공과 축복이 하나님께 있음을 깨닫게 합니다

"야베스가 이스라엘 하나님께 아뢰어 이르되 주께서 내게 복을 주시려거든 나의 지역을 넓히시고 주의 손으로 나를 도우사 나로 환난을 벗어나 내게 근심이 없게 하옵소서 하였더니 하나님이 그가 구하는 것을 허락하셨더라" (대상 4:10)

3. 어떻게 기도하는가?

1) 회개가 있어야 합니다

우리에게 죄악이 있을 때는 하나님의 응답이 없습니다.

"여호와의 손이 짧아 구원하지 못하심도 아니요 귀가 둔하여 듣지 못하심도 아니라 오직 너희 죄악이 너희와 너희 하나님 사이를 갈라 놓았고 너희 죄가 그의 얼굴을 가리어서 너희에게서 듣지 않으시게 함이니라" (사 59:1, 2)

"만일 우리가 우리 죄를 자백하면 그는 미쁘시고 의로우사 우리 죄를 사하시며 우리를 모든 불의에서 깨끗하게 하실 것이요" (요일 1:9)

2) 성령님을 의지해야 합니다

성령님은 우리를 도우시는 분입니다.

"이와 같이 성령도 우리의 연약함을 도우시나니 우리는 마땅히 기도할 바를 알지 못하나 오직 성령이 말할 수 없는 탄식으로 우리를 위하여 친히 간구하시느니라 마음을 살피시는 이가 성령의 생각을 아시나니 이는 성령이 하나님의 뜻대로 성도를 위하여 간구하심이니라" (롬 8:26, 27)

"모든 기도와 간구를 하되 항상 성령 안에서 기도하고 이를 위하여 깨어 구하기를 항상 힘쓰며 여러 성도를 위하여 구하라" (엡 6:18)

3) 하나님의 뜻대로 기도해야 합니다

"너희가 내 안에 거하고 내 말이 너희 안에 거하면 무엇이든지 원하는 대로 구하라 그리하면 이루리라" (요 15:7)

"구하여도 받지 못함은 정욕으로 쓰려고 잘못 구하기 때문이라" (약 4:3)

4) 듣고 계신 줄 믿고 기도해야 합니다
"그를 향하여 우리가 가진 바 담대함이 이것이니 그의 뜻대로 무엇을 구하면 들으심이라 우리가 무엇이든지 구하는 바를 들으시는 줄을 안즉 우리가 그에게 구한 그것을 얻은 줄을 또한 아느니라" (요일 5:14, 15)

5) 믿음으로 기도해야 합니다
"오직 믿음으로 구하고 조금도 의심하지 말라 의심하는 자는 마치 바람에 밀려 요동하는 바다 물결 같으니 이런 사람은 무엇이든지 주께 얻기를 생각하지 말라" (약 1:6, 7)

6) 끈기 있게 기도해야 합니다
"하물며 하나님께서 그 밤낮 부르짖는 택하신 자들의 원한을 풀어 주지 아니하시겠느냐 그들에게 오래 참으시겠느냐" (눅 18:7)

7) 감사함으로 기도해야 합니다
"아무 것도 염려하지 말고 다만 모든 일에 기도와 간구로,

너희 구할 것을 감사함으로 하나님께 아뢰라" (빌 4:6)

8) 하나님이 기뻐하시는 기도를 해야 합니다
"너희는 먼저 그의 나라와 그의 의를 구하라 그리하면 이 모든 것을 너희에게 더하시리라" (마 6:33)

9) 상한 심령으로 기도해야 합니다
"하나님께서 구하시는 제사는 상한 심령이라 하나님이여 상하고 통회하는 마음을 주께서 멸시하지 아니하시리이다" (시 51:17)

4. 하나님이 기뻐하시지 않는 기도

1) 중언부언하는 기도입니다
"또 기도할 때에 이방인과 같이 중언부언하지 말라 그들은 말을 많이 하여야 들으실 줄 생각하느니라" (마 6:7)

2) 회개가 없는 기도입니다
"너희 허물이 이러한 일들을 물리쳤고 너희 죄가 너희로부터 좋은 것을 막았느니라" (렘 5:25)

3) 의심하는 기도입니다

"믿음이 없이는 하나님을 기쁘시게 하지 못하나니 하나님께 나아가는 자는 반드시 그가 계신 것과 또한 그가 자기를 찾는 자들에게 상 주시는 이심을 믿어야 할지니라"
(히 11:6)

4) 남의 죄를 용서하지 않는 기도입니다

"너희가 각각 마음으로부터 형제를 용서하지 아니하면 나의 하늘 아버지께서도 너희에게 이와 같이 하시리라"
(마 18:35)

"서서 기도할 때에 아무에게나 혐의가 있거든 용서하라 그리하여야 하늘에 계신 너희 아버지께서도 너희 허물을 사하여 주시리라 하시니라" (막 11:25)

5) 자만한 기도입니다

"바리새인은 서서 따로 기도하여 이르되 하나님이여 나는 다른 사람들 곧 토색, 불의, 간음을 하는 자들과 같지 아니하고 이 세리와도 같지 아니함을 감사하나이다 나는 이레에 두 번씩 금식하고 또 소득의 십일조를 드리나이다 하고 세리는 멀리 서서 감히 눈을 들어 하늘을 쳐다보지도 못하고 다만 가슴을 치며 이르되 하나님이여 불쌍히 여기소서 나는 죄인이로소이다 하였느니라 내가 너희에게 이르노니 이에 저 바리새인이 아니고 이 사람이 의롭다 하심을 받고 그의 집으로 내려갔느니라 무릇 자기를 높이는 자는 낮아지고 자기를 낮추는 자는 높아지리라 하시니라" (눅 18:11~14)

6) 정욕으로 구하는 기도입니다
"너희는 욕심을 내어도 얻지 못하여 살인하며 시기하여도 능히 취하지 못하므로 다투고 싸우는도다 너희가 얻지 못함은 구하지 아니하기 때문이요 구하여도 받지 못함은 정욕으로 쓰려고 잘못 구하기 때문이라" (약 4:2,3)

7) 화목하지 않은 기도입니다
"그러므로 예물을 제단에 드리려다가 거기서 네 형제에게 원망들을 만한 일이 있는 것이 생각나거든 예물을 제단 앞에 두고 먼저 가서 형제와 화목하고 그 후에 와서 예물을 드리라" (마 5:23,24)

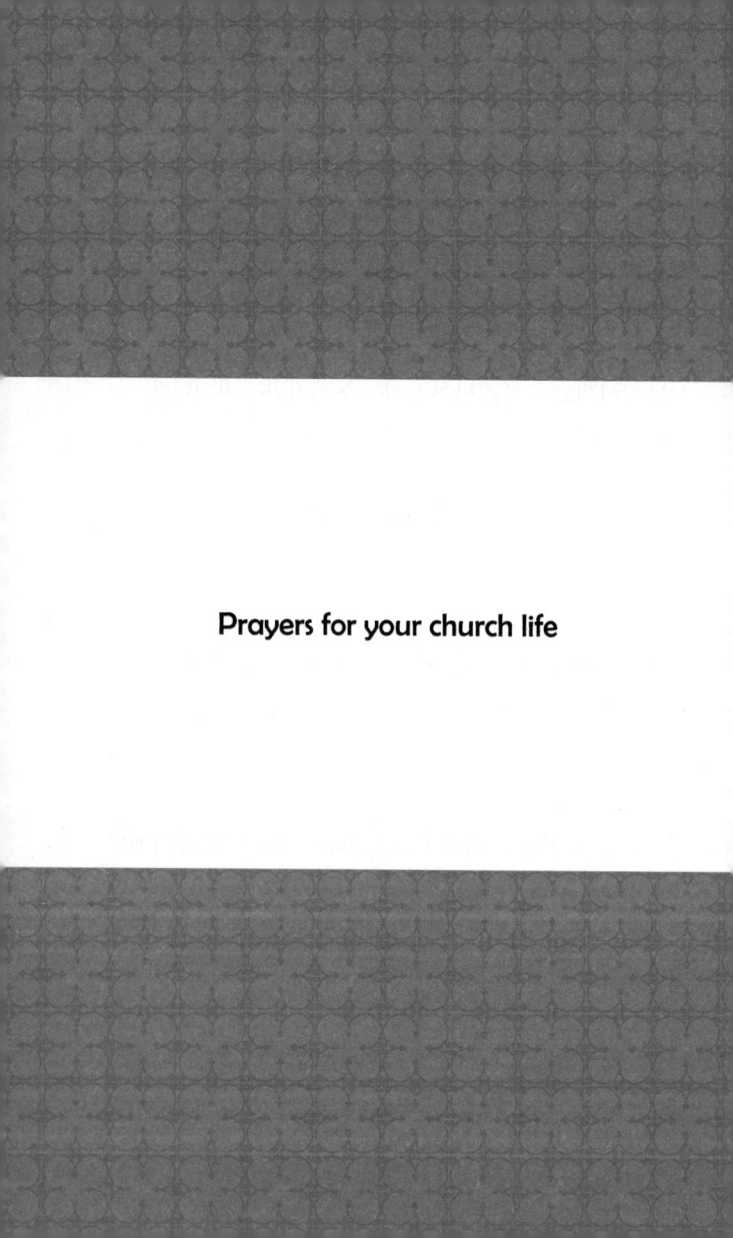

Prayers for your church life

Part
1

교회 생활을 위한
기도문

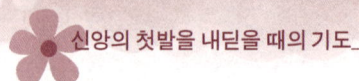
신앙의 첫발을 내딛을 때의 기도_

마음에 새겨 놓는 약속의 말씀

우리가 다 하나님의 아들을 믿는 것과 아는 일에 하나가 되어 온전한 사람을 이루어 그리스도의 장성한 분량이 충만한 데까지 이르리니 이는 우리가 이제부터 어린아이가 되지 아니하여 사람의 속임수와 간사한 유혹에 빠져 온갖 교훈의 풍조에 밀려 요동하지 않게 하려 함이라

_에베소서 4장 13~14절

믿음의 위인들이 들려주는 기도

기도는 우리가 믿음으로 발견한 주님의 복음에 들어 있는 보물을 파내는 것입니다.

_ 요한 칼빈

| 기도체크 | 월/일 | / | / | / | / | / | / | / | / |

신앙의 양육을 잘 받게 하소서

사랑의 주님!
저에게 예수님을 믿을 수 있도록 인도하심을 감사드립니다.

주님! 저는 이제 막 신앙의 걸음마를 시작하였습니다. 신앙생활을 어떻게 하는 것인지 아무것도 모릅니다. 예배를 드리는 것도 어색하고 교회 생활에 낯선 것이 한두 가지가 아닙니다. 성경책이 하나님의 말씀이라는 것도 잘 이해가 가지 않습니다. 교회만 가면 꼭 바보가 된 것 같은 느낌을 갖습니다.

주님! 누구나 처음에는 저 같은 과정을 겪었겠지요. 지금은 제가 갓난아이와 같은 신앙이지만 제 안에 심겨진 믿음이 점점 더 자라나 큰 믿음이 되게 하실 것일 믿습니다. 주님을 위해서도 귀하게 쓰임받을 수 있는 믿음의 일꾼이 되게 하실 것을 믿습니다.

믿음의 성장을 위하여 예배를 잘 드릴 수 있게 하시고, 목사님 말씀도 잘 경청할 수 있게 하옵소서. 성경공부에도 열심히 참석하여 신앙의 양육을 잘 받을 수 있도록 붙들어 주옵소서.

예수 그리스도의 이름으로 기도합니다. 아멘

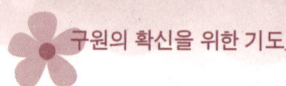 구원의 확신을 위한 기도_

마음에 새겨 놓는 약속의 말씀

영접하는 자 곧 그 이름을 믿는 자들에게는 하나님의 자녀가 되는 권세를 주셨으니 이는 혈통으로나 육정으로나 사람의 뜻으로 나지 아니하고 오직 하나님께로부터 난 자들이니라

_요한복음 1장 12 ~ 13절

믿음의 위인들이 들려주는 기도

사람이 숨을 중단할 수 없는 것처럼 기도를 중단할 수가 없습니다. 기도는 영적 생활의 호흡입니다.

_ 존 웨슬리

구원의 확신이 있게 하소서

구원의 주님!

저를 구원하여 주셔서 주님의 자녀로 살게 하심을 감사드립니다. 하지만 저에게는 아직 구원받은 확신이 없습니다. 가슴 벅찬 신앙생활이 무엇인지도 모릅니다.

주님! 제가 구원의 확신을 가질 수 있도록 도와주옵소서. 사람이 마음으로 믿어 의에 이르고 입으로 시인하여 구원에 이르게 된다(롬10:10)고 하셨는데 저의 마음에 믿음의 빛을 비추셔서 구원의 주님을 먼저 마음으로 믿을 수 있게 하여 주옵소서.

저도 구원의 주님을 뜨겁게 찬양할 수 있게 하시고 말씀을 들을 때에도 깨달아 알 수 있는 지혜가 있게 하여 주옵소서.

주님! 제가 지금은 어린아이 같은 믿음이지만 앞으로는 구원의 확신을 가지고 주님께 순종하고 헌신할 수 있는 믿음의 사람이 되어, 하늘나라의 백성으로 교회를 섬기며 주님께 영광 돌리는 삶을 살게 하여 주실 것을 믿습니다.

예수 그리스도의 이름으로 기도합니다. 아멘

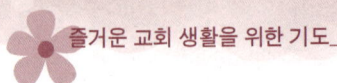 **즐거운 교회 생활을 위한 기도_**

마음에 새겨 놓는 약속의 말씀

오직 사랑 안에서 참된 것을 하여 범사에 그에게까지 자랄지라 그는 머리니 곧 그리스도라 그에게서 온 몸이 각 마디를 통하여 도움을 받음으로 연결되고 결합되어 각 지체의 분량대로 역사하여 그 몸을 자라게 하며 사랑 안에서 스스로 세우느니라

_에베소서 4장 15 ~ 16절

믿음의 위인들이 들려주는 기도

신실한 기도 속에 새로운 느낌, 새로운 의미, 새로운 용기가 주어집니다. 기도는 사실 교육입니다.

_ 도스토예프스키

즐거운 교회 생활이 되게 하소서

사랑의 주님!

제가 주님을 믿고 교회 생활을 시작하게 되었습니다. 하지만 잘 적응해 나갈 수 있을지 걱정이 조금 앞섭니다. 믿음이 약한 저를 기억하셔서 사랑의 주님이 도와주옵소서.

신앙의 걸음마를 시작하고 있는 제게는 모든 것이 생소하고 낯설기만 합니다. 교회 생활이 어려워도 잘 참고 견디게 하시고 하나 하나 배우고 깨달아 가며 성장해 갈 수 있도록 도와주옵소서.

주님! 교회 생활을 통해 신앙심이 날마다 자라가기를 바랍니다. 즐거운 교회 생활이 되게 하셔서 신앙의 기초를 잘 닦을 수 있게 하옵소서.

예배에 잘 참여하여 주님을 섬기는 마음을 깨닫게 하시고, 모임에도 잘 참석하여 교회 생활에 필요한 봉사를 익혀 나갈 수 있게 하옵소서.

주님! 교회 생활에 도움을 받을 수 있는 친절한 신앙의 친구도 만나기를 원합니다. 저의 어설픈 신앙이 바로 서고, 모르는 것을 배우고 익혀 나가는 데 소중한 지혜를 얻을 수 있게 하옵소서.

예수 그리스도의 이름으로 기도합니다. 아멘

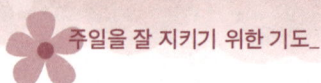 **주일을 잘 지키기 위한 기도_**

마음에 새겨 놓는 약속의 말씀

그러므로 너희가 그리스도와 함께 다시 살리심을 받았으면 위의 것을 찾으라 거기는 그리스도께서 하나님 우편에 앉아계시느니라 위의 것을 생각하고 땅의 것을 생각하지 말라 이는 너희가 죽었고 너희 생명이 그리스도와 함께 하나님 안에 감추어졌음이라

_골로새서 3장 1 ~ 3절

믿음의 위인들이 들려주는 기도

기도는 육신의 눈으로 볼 수 없는 하늘 아버지와의 거룩한 교제이며 신성한 대화입니다.

_ 작자 미상

주일을 잘 지키게 하소서

사랑의 주님!

저에게 주님을 예배할 수 있는 영광을 누리게 하셔서 감사합니다. 예배를 통해 주님이 기뻐하시는 믿음의 자녀로 살게 하옵소서.

주님! 교회를 다니게 되면 주일을 잘 지켜야 한다는 말을 자주 듣습니다. 주일은 주님이 저희에게 복 주시기로 정하신 날이라는 말도 들었습니다. 하지만 저는 아직 믿음이 부족하여 무슨 일이 생기거나 바쁘면 주일 예배에 자주 빠집니다.

주님! 제가 주일을 잘 지킬 수 있도록 저의 생각과 마음을 붙들어 주옵소서. 주님을 기쁘시게 하는 날을 다른 일에 빼앗기지 않도록 저의 생활을 이끌어 주옵소서.

주일은 오직 주님께만 예배 드리며 주님께 영광을 돌리는 날이 되기를 바랍니다. 또한 예배를 통해 주님이 주시는 은혜를 경험하고, 말씀을 통해 영혼이 살아나는 기쁨을 누릴 수 있기를 바랍니다. 저의 신앙을 복된 길로 인도하여 주옵소서.

예수 그리스도의 이름으로 기도합니다. 아멘

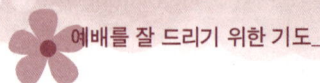

마음에 새겨 놓는 약속의 말씀

아버지께 예배하는 자들은 영과 진리로 예배할 때가 오나니 곧 이때라 아버지께서는 자기에게 이렇게 예배하는 자들을 찾으시느니라 하나님은 영이시니 예배하는 자가 영과 진리로 예배할지니라

_요한복음 4장 23 ~ 24절

믿음의 위인들이 들려주는 기도

기도는 영혼의 성실한 욕망이요, 가슴속에서 떨고 있는 숨겨진 불꽃의 운동입니다.

_ 몽고메리

예배를 사모하게 하소서

사랑의 주님!

죄 많은 저를 사랑하셔서 하나님의 거룩한 자녀로 삼아 주시고 하나님을 예배할 수 있게 하시니 감사합니다. 하지만 저는 아직도 예배드리는 것이 익숙하지 못하여 겨우 예배시간만 지키고 있을 뿐입니다. 때로는 급한 일이 생겨서 예배에 빠질 때도 있고, 일부러 예배에 참석하지 않을 때도 있습니다. 예배를 드린다고 하는데 어떻게 하는 것이 예배를 잘 드리는 것인지도 모르겠습니다.

주님! 저의 믿음이 자라기 위해서는 온전한 예배 생활이 뒷받침되어야 함을 깨닫습니다. 저에게 주님을 사랑하듯 예배를 사랑할 수 있는 마음을 주옵소서. 기다려지는 예배가 되게 하시고, 예배에 대한 사모함이 있게 하여 주옵소서. 제 삶에 예배가 가장 중요한 것이 될 수 있도록 은혜를 내려 주옵소서.

주님! 저로 하여금 감동과 기쁨과 주님의 축복을 경험하는 예배가 되게 하실 것을 믿습니다.

예수 그리스도의 이름으로 기도합니다. 아멘

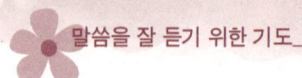 **말씀을 잘 듣기 위한 기도_**

마음에 새겨 놓는 약속의 말씀

에스라가 모든 백성 위에 서서 그들 목전에 책을 펴니 책을 펼 때에 모든 백성이 일어서니라 에스라가 위대하신 하나님 여호와를 송축하매 모든 백성이 손을 들고 아멘 아멘 하고 응답하고 몸을 굽혀 얼굴을 땅에 대고 여호와께 경배하니라

_느헤미야 8장 5 ~ 6절

믿음의 위인들이 들려주는 기도

기도를 들으시는 것은 하나님의 속성이요 그의 성품의 일부분입니다. 하나님은 사랑이십니다.

_ 존 라이스

말씀을 잘 듣게 하소서

사랑의 주님!

제가 예배에 잘 참석할 수 있도록 이끌어 주심을 감사드립니다. 주님의 사랑과 은혜임을 믿습니다. 하지만 목사님이 전하시는 말씀이 귀에 들어오지 않습니다. 무슨 말씀인지 잘 알아듣지 못하겠고 이해가 안 될 때가 많습니다. 그러다보니 설교 듣는 시간이 지루하고 제 의지와는 상관없이 졸음이 오기도 합니다.

주님! 말씀을 잘 들어야만 믿음이 성장한다는 것을 압니다. 제게 말씀을 잘 들을 수 있도록 은혜를 베풀어 주옵소서. 예배 때마다 목사님의 설교 시간이 기다려지게 하시고, 말씀을 귀기울여 들을 때마다 다른 성도들처럼 아멘, 아멘으로 화답할 수 있게 하옵소서. 또한 말씀을 들을 때마다 재미와 즐거움을 느낄 수 있게 하시고, 제 마음을 새롭게 하시는 주님의 손길을 체험할 수 있게 하옵소서.

믿음은 들음에서 난다(롬10:17)는 주님의 말씀이 제게 이루어지는 은혜도 경험하게 하옵소서.

제 영혼을 사랑하시는 예수 그리스도의 이름으로 기도합니다. 아멘

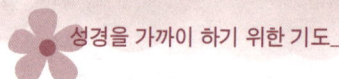 **성경을 가까이 하기 위한 기도_**

마음에 새겨 놓는 약속의 말씀

모든 성경은 하나님의 감동으로 된 것으로 교훈과 책망과 바르게 함과 의로 교육하기에 유익하니 이는 하나님의 사람으로 온전하게 하며 모든 선한 일을 행할 능력을 갖추게 하려 함이라

_디모데후서 3장 16 ~ 17절

믿음의 위인들이 들려주는 기도

말씀공부 없이는 참된 기도가 있을 수 없고 기도 없이는 참된 말씀공부를 기대할 수가 없습니다.

_ 토레이

성경을 가까이 하게 하소서

사랑의 주님!

저에게 놀라운 구원의 은혜를 베푸시고 진리의 말씀을 따라 살아가게 하심을 감사합니다.

주님! 말씀을 묵상하는 생활을 위하여 기도합니다. 말씀을 가까이해야만 믿음이 성장할 수 있는데 저는 아직 주님의 말씀을 가까이하지 못하고 있습니다. 매일 성경을 읽겠다고 다짐을 해도 제대로 실천에 옮기지 못하고 있습니다.

주님! 날마다 말씀을 가까이할 수 있도록 제 마음에 말씀에 대한 갈망이 넘쳐나게 하여 주옵소서. 말씀을 읽을 때마다 깨달아 알 수 있는 지혜를 주셔서 주님의 말씀을 알아가는 것이 기쁨이 되게 하옵소서. 또한, 말씀을 읽을 때마다 제 인생의 더러운 찌꺼기들을 걸러내시는 주님의 손길을 경험할 수 있게 하시고, 날마다 제 영혼을 새롭게 하시는 주님의 능력을 체험할 수 있게 하옵소서.

악하고 어두운 이 시대에 말씀의 빛을 비추는 주님의 사람으로 쓰임 받게 하옵소서.

예수 그리스도의 이름으로 기도합니다. 아멘

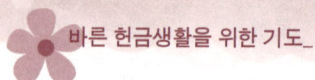 바른 헌금생활을 위한 기도_

마음에 새겨 놓는 약속의 말씀

너희를 위하여 보물을 땅에 쌓아두지 말라 거기는 좀과 동록이 해하며 도둑이 구멍을 뚫고 도둑질하느니라 오직 너희를 위하여 보물을 하늘에 쌓아두라 거기는 좀이나 동록이 해하지 못하며 도둑이 구멍을 뚫지도 못하고 도둑질도 못하느니라 네 보물이 있는 곳에 네 마음도 있느니라
_마태복음 6장 19 ~ 21절

믿음의 위인들이 들려주는 기도

마음에 없이 말로만 하는 기도보다 오히려 말은 없어도 뜨거운 마음을 가지고 하는 기도가 더 소중합니다.
_ 존 번연

드리는 기쁨이 있게 하소서

사랑의 주님!

때를 따라 복을 내려 주시고 필요한 것들을 공급해 주시는 주님이 계셔서 감사합니다.

주님! 저의 헌금생활을 위하여 기도합니다. 저는 주일 예배를 드릴 때마다 정성이 담긴 헌금을 제대로 해 본 적이 없습니다. 어떤 때는 헌금을 준비하지도 않고 그냥 예배에 참석하는 날도 있고 주일 예배 때마다 드리는 헌금이 아깝다는 생각이 들기도 합니다. 다른 사람들은 어떻게 그렇게 헌금을 잘 내는지 솔직히 부럽습니다.

주님! 아직 저의 신앙이 어리고 약한 까닭이겠지요. 저도 주님 앞에서 바른 헌금 생활을 할 수 있도록 도와주옵소서. 헌금할 때마다 아까운 생각이 들지 않도록 마음을 지켜 주시고, 인색한 마음으로 하지 않도록 믿음을 키워 주옵소서. 주님께 드리는 헌금은 항상 준비해 놓게 하시고 기쁘고 즐거운 마음으로 주님께 드릴 수 있게 하옵소서. 또한 드리면 드릴수록 더욱 풍성해지는 헌금 생활이 되게 해 주옵소서.

예수 그리스도의 이름으로 기도합니다. 아멘

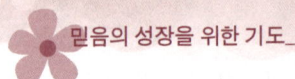

믿음의 성장을 위한 기도_

마음에 새겨 놓는 축복의 말씀

갓난아기들 같이 순전하고
신령한 젖을 사모하라
이는 그로 말미암아
너희로 구원에 이르도록 자라게 하려 함이라
너희가 주의 인자하심을 맛보았으면 그리하라
_베드로전서 2장 2 ~ 3절

믿음의 위인들이 들려주는 기도

모든 좋은 것을 아시는 하나님이 왜 우리에게 기도를 원하시는가? 그것은 모든 좋은 것이 하나님께로부터 온다는 믿음을 강화시키기 위해서다.
_ 요한 칼빈

믿음이 자라나게 하소서

은혜의 주님!

많은 사람들 중에 저를 택하셔서 예수님을 믿고 구원받은 하나님의 자녀로 살게 하시니 감사합니다. 좋은 교회로 인도해 주셔서 주님을 예배하며 신앙생활을 하게 하시니 또한 감사합니다.

지금은 부족하지만, 제 믿음이 점점 더 자라서 주님을 기쁘시게 하는 삶이 되기를 소망합니다. 제 삶이 그렇게 될 수 있도록 인도하여 주옵소서.

주님! 지금 저의 믿음이 자라기 위해서는 신앙생활에 더 많은 관심이 있어야 한다는 것을 깨닫습니다. 우리 주님이 저의 생활을 주관하셔서 지금까지의 생활을 바꾸어 갈 수 있도록 이끌어 주시고 신앙생활에 더 많은 시간을 할애하며 마음을 다하여 진실한 마음으로 주님을 섬길 수 있게 하옵소서. 해를 거듭할수록 교회 생활에 더 열심을 내게 하셔서 주님이 기뻐하시는 믿음의 열매를 맺을 수 있게 하옵소서.

지금도 저를 가까이하시고 더 많이 사랑해 주시는 예수 그리스도의 이름으로 기도합니다. 아멘

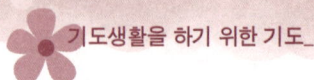 기도생활을 하기 위한 기도_

마음에 새겨 놓는 약속의 말씀

여호와여 내가 주를 불렀사오니 속히 내게 오시옵소서. 내가 주께 부르짖을 때에 내 음성에 귀를 기울이소서 나의 기도가 주의 앞에 분향함과 같이 되며 나의 손 드는 것이 저녁 제사 같이 되게 하소서 여호와여 내 입에 파수꾼을 세우시고 내 입술의 문을 지키소서

_시편 141편 1 ~ 3절

믿음의 위인들이 들려주는 기도

기도란 호흡입니다. 나는 왜 호흡하는 것입니까? 호흡하지 않으면 죽기 때문입니다.

_ 키에르 케고오르

기도를 사랑하게 하소서

구하는 자에게 좋은 것으로 채워 주시는 주님!

기도를 통하여 주님을 가까이할 수 있는 은혜를 주시니 감사합니다. 주님을 가까이하는 것이 제게 복이 됨을 믿습니다(시73:28). 하지만 저는 왜 기도해야 하는지를 아직 깨닫지 못하고 있습니다. 또 어떻게 기도해야 하는지도 잘 모릅니다. 기도가 어색하기만 하고 부담되는 것이 솔직한 제 심정입니다.

주님! 기도하지 않는 것이 죄가 된다는 것을 몰랐는데 성경을 읽다가 깨닫게 되었습니다(삼상12:23).

주님! 저에게 주님을 가까이하고 기도를 사랑할 수 있는 마음을 주옵소서. 기도를 어떻게 해야 하는지 지금은 낯설지만, 제 모든 사정을 하나씩 아뢰며 한 걸음씩 기도의 걸음을 뗄 수 있게 하옵소서.

더 깊이 기도할 수 있는 단계로 나아갈 수 있게 하셔서 마음을 담은 진실한 기도로 주님을 기쁘시게 할 수 있게 하옵소서. 또한 기도의 응답도 받는 복을 누릴 수 있게 하옵소서.

예수 그리스도의 이름으로 기도합니다. 아멘

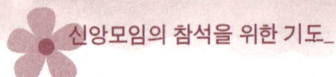

신앙모임의 참석을 위한 기도_

마음에 새겨 놓는 약속의 말씀

서로 돌아보아
사랑과 선행을 격려하며
모이기를 폐하는
어떤 사람들의 습관과 같이 하지 말고
오직 권하여
그 날이 가까움을 볼수록 더욱 그리하자
_히브리서 10장 24 ~ 25절

믿음의 위인들이 들려주는 기도

사탄이 가장 두려워하는 것은 기도하는 성도입니다.
_ 사무엘 차드윅

| 기도체크 | 월/일 | / | / | / | / | / | / | / | / |

모임에 잘 참석하게 하소서

은혜의 주님!

주님의 몸 된 교회를 통하여 신앙생활을 잘할 수 있도록 이끄심을 감사합니다. 신앙이 좋은 사람들과도 교제와 사귐이 있게 하심을 감사합니다.

주님! 제 신앙을 위하여 더 좋은 믿음의 자리로 나아갈 수 있기를 원하여 기도합니다. 제가 교회 모임에 잘 참석할 수 있도록 이끌어 주옵소서. 아직 저는 신앙생활이 익숙하지 않아 그런 자리가 낯설고 어색하기만 합니다. 그러나 교회의 모임에 잘 참석해야 제 믿음도 점점 더 성장할 것이라는 생각을 갖습니다.

주님! 교회에서 갖는 각종 모임에 잘 참석할 수 있도록 저의 생각과 마음을 주관하여 주옵소서. 모임을 통해 얻게 되는 신앙의 유익과 기쁨을 경험할 수 있게 하옵소서. 또한 더불어 함께하는 봉사를 통하여 주님의 몸 된 교회를 든든히 세워 가는 데 참여하는 영광을 누리게 하옵소서.

저의 신앙생활을 복된 길로 이끌어 주실 것을 믿으며 예수 그리스도의 이름으로 기도합니다. 아멘

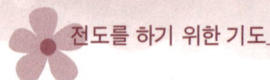 전도를 하기 위한 기도_

마음에 새겨 놓는 약속의 말씀

또한 우리를 위하여 기도하되 하나님이 전도할 문을 우리에게 열어 주사 그리스도의 비밀을 말하게 하시기를 구하라 내가 이 일 때문에 매임을 당하였노라 그리하면 내가 마땅히 할 말로써 이 비밀을 나타내리라
_골로새서 4장 3 ~ 4절

믿음의 위인들이 들려주는 기도

하고자 하는 어떠한 일이 생기거나 혹은 내가 해서는 안 될 일이 있다면 온전히 기도하십시오.
_ 작자 미상

전도의 열매를 맺게 하소서

한 사람의 영혼을 천하보다 귀하게 보시는 주님!

영혼 구원의 열매 맺기를 바라시는 주님의 마음을 생각해 봅니다. 잃은 양 하나를 찾기 위해 온갖 수고와 고통을 감내하신 주님의 심정을 생각해 봅니다. 이 죄인을 구원하시려고 십자가에서 물과 피를 다 쏟으신 주님의 사랑과 희생을 생각해 봅니다.

주님! 제게도 전도할 수 있는 마음을 주옵소서. 아직 누군가를 전도한다는 것이 두렵기도 하지만, 제가 전도를 받아 주님을 만난 것처럼, 누군가를 전도하여 주님께로 인도할 수 있는 기쁨을 누리고 싶습니다. 도와주옵소서.

주님은 믿음의 선한 동기를 보시고 준비된 사람을 만나게 해 주실 것을 믿습니다. 영혼 구원의 아름다운 열매를 맺을 수 있도록 이끌어 주실 것을 믿습니다. 저도 전도를 위하여 쓰임 받을 수 있다는 자신감을 얻게 하실 것을 믿습니다. 전도의 열매를 맺기까지 열심히 기도하며 주님께 지혜를 구하겠습니다.

감사드리며 예수 그리스도의 이름으로 기도합니다. 아멘

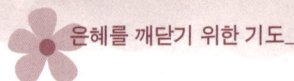 은혜를 깨닫기 위한 기도_

마음에 새겨 놓는 약속의 말씀

믿음으로 말미암아 그리스도께서 너희 마음에 계시게 하시옵고 너희가 사랑 가운데서 뿌리가 박히고 터가 굳어져서 능히 모든 성도와 함께 지식에 넘치는 그리스도의 사랑을 알고 그 너비와 길이와 높이와 깊이가 어떠함을 깨달아 하나님의 모든 충만하신 것으로 너희에게 충만하시기를 구하노라

_에베소서 3장 17 ~ 19절

믿음의 위인들이 들려주는 기도

재단사가 옷을 만들고 수선공이 구두를 고침이 주 업무라면 그리스도인의 주 업무는 기도입니다.

_ 마틴 루터

은혜를 받게 하소서

사랑의 주님!

구원의 길을 열어 주신 주님을 찬양하며 경배합니다. 주님이 주시는 은혜를 받기 위하여 기도합니다. 교회를 다니지만 은혜를 경험하지 못해 신앙생활에 대한 기쁨과 즐거움을 찾지 못하고 있습니다. 매주 똑같이 반복되는 예배와, 따라 부르기도 힘든 찬송과, 무슨 뜻인지도 모르는 목사님의 설교가 아직도 제게는 낯설기만 합니다.

지금 같아선 시간이 흘러도 저의 이런 모습에 아무런 변화가 없을 것만 같습니다. 다른 성도의 말이 아직 은혜를 깨닫지 못해서라고 하는데, 어떻게 해야 은혜를 받을 수 있는지 모르겠습니다.

주님! 주님의 은혜를 깨달을 수 있도록 도와주옵소서. 은혜를 받아 항상 예배가 기다려지게 하시고, 예배에 대한 감격과 기쁨이 있게 하옵소서. 찬송을 부를 때에도 기쁨이 샘솟게 하시고, 목사님의 설교를 들을 때에도 아멘으로 대답할 수 있게 하옵소서. 주님을 의지합니다.

예수 그리스도의 이름으로 기도합니다. 아멘

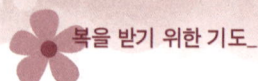 **복을 받기 위한 기도**

마음에 새겨 놓는 약속의 말씀

야베스가 이스라엘 하나님께 아뢰어 이르되 주께서 내게 복을 주시려거든 나의 지역을 넓히시고 주의 손으로 나를 도우사 나로 환난을 벗어나 내게 근심이 없게 하옵소서 하였더니 하나님이 그가 구하는 것을 허락하셨더라

_역대상 4장 10절

믿음의 위인들이 들려주는 기도

주의 뜻 안에서 기도한다는 것은 더 작게 구하는 것이 아니라 더 크게 구하는 것을 뜻합니다.

_ 존 라이스

넘치는 복으로 채워 주소서

복의 근원이 되시는 하나님!

주께 기도할 수 있는 은혜를 주셔서 감사합니다.

주님! 복 받는 삶이 되기를 원하여 기도합니다. 제 마음의 진실함을 보시고 저의 기도를 들어 주옵소서. 주님이 주시는 복을 갈망하니 저희 가정에 넘치는 복과 큰 은혜를 베풀어 주옵소서. 영혼이 잘되고 범사가 잘되는 복을 저희 가정에 허락하여 주옵소서. 만군의 하나님이 함께하셔서 점점 더 강성해졌던 다윗처럼, 저희 가정에도 동행하시는 하나님으로 인해 날마다 주님의 복을 경험하는 은혜가 있게 하옵소서.

주님! 건강도 허락해 주옵소서. 가족들이 질병에 걸리는 일이 없게 하셔서 건강한 몸으로 주님을 찬양하게 하옵소서. 또한 주님께 받은 복을 나눌 수 있는 삶이 되기 원합니다. 받은 복을 선한 사마리아인처럼 사랑과 관심이 필요한 곳에 사용하게 하옵소서.

하늘의 영원한 것과 땅의 기름진 것으로 채워 주시기를 원하시는 예수 그리스도의 이름으로 기도합니다. 아멘

십일조 생활을 하기 위한 기도_

마음에 심을 약속의 말씀

> 너희 곧 온 나라가 나의 것을 도둑질하였으므로 너희가 저주를 받았느니라 만군의 여호와가 이르노라 너희의 온전한 십일조를 창고에 들여 나의 집에 양식이 있게 하고 그것으로 나를 시험하여 내가 하늘 문을 열고 너희에게 복을 쌓을 곳이 없도록 붓지 아니하나 보라
>
> _말라기 3장 9 ~ 10절

믿음의 위인들이 들려주는 기도

> 기도는 하나님으로 하여금 일하시게 하는 인간의 유일한 방법입니다.
>
> _ 여호수아

십일조 생활을 하게 하소서

사랑의 주님!

저를 사랑해 주시고 필요한 모든 것을 채워 주셔서 감사합니다.

주님! 제가 성숙한 믿음으로 나아가기 원하는 기도 제목이 있습니다. 그것은 십일조 생활을 하는 것입니다. 그동안 십일조가 뭔지 몰라 십일조를 드리지 않았는데, 말씀을 듣고 공부하면서 십일조의 의미와 중요성을 깨닫게 되었습니다.

주님! 이제부터는 십일조를 드릴 것을 약속합니다. 꼭 지킬 수 있도록 저의 생각과 마음을 잡아 주옵소서. 온전한 십일조를 통하여 주님이 약속하신 축복도 받아 누리게 하옵소서.

주님! 저희는 주님의 것을 잠시 맡아 관리하는 청지기라는 말씀을 들었습니다. 청지기의 본분을 다해 온세상의 주인이신 주님을 기쁘시게 하는 신앙생활이 되기를 바랍니다.

주님! 물질의 십일조뿐만 아니라 시간의 십일조도 있다는 말씀을 들었습니다. 주님께 시간의 십일조도 잘 드리는 신앙생활이 되게 하옵소서.

예수 그리스도의 이름으로 기도합니다. 아멘

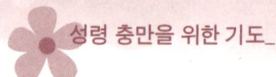 **성령 충만을 위한 기도_**

마음에 새겨 놓는 약속의 말씀

오직 성령의 열매는 사랑과 희락과 화평과 오래 참음과 자비와 양선과 충성과 온유와 절제니 이같은 것을 금지할 법이 없느니라 그리스도 예수의 사람들은 육체와 함께 그 정욕과 탐심을 십자가에 못 박았느니라

_갈라디아서 5장 22 ~ 24절

믿음의 위인들이 들려주는 기도

기도를 통하여 우리는 성령 충만함을 받을 수 있습니다. 성령 충만했던 초대교회의 신도들은 모두 기도의 사람들이었습니다.

_ 작자 미상

성령 충만하게 하소서

능력의 주님!

구하는 자에게 언제나 좋은 것으로 채워 주시는 주님이심을 믿습니다.

주님! 제가 신앙생활을 하면서 주변으로부터 성령 충만해야 한다는 말을 많이 듣고, 사람들이 기도할 때 성령 충만을 위해서 빼놓지 않고 기도하는 것을 보았습니다. 성도의 삶을 살려면 성령 충만이 필수적이라는 생각을 하게 됩니다.

주님! 아직 성령 충만을 경험하지 못해 어떤 것이 성령 충만한 모습인지 잘 모르지만, 저도 주님을 기쁘시게 하는 삶이 되기 위하여 성령 충만을 욕심내 봅니다.

주님! 저에게 성령 충만한 은혜를 내려 주옵소서. 성령 충만하면 어린아이 같은 저의 신앙이 조금씩 변화되는 것을 경험하게 되고 제가 알고 있는 말씀들을 실천해 나갈 수 있는 담대함과 용기가 생길 것을 믿습니다. 저를 성령 충만하게 하셔서 주님의 은혜와 사랑에 성령의 열매로 보답하는 삶이 되게 하옵소서.

예수 그리스도의 이름으로 기도합니다. 아멘

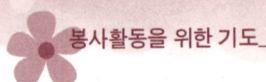 **봉사활동을 위한 기도_**

마음에 새겨 놓는 약속의 말씀

무엇보다도 뜨겁게 서로 사랑할지니 사랑은 허다한 죄를 덮느니라 서로 대접하기를 원망 없이 하고 각각 은사를 받은 대로 하나님의 여러 가지 은혜를 맡은 선한 청지기 같이 서로 봉사하라
_베드로전서 4장 8 ~ 10절

믿음의 위인들이 들려주는 기도

기분에 따라 기도하지 말고 주님과 약속된 기도시간을 잘 지키시기 바랍니다.
_ 붐

주님의 도구로 쓰임받게 하소서

사랑의 주님!

저를 거룩한 주님의 자녀로 살아갈 수 있게 하심을 감사드립니다. 항상 주님께 감사하며 영광 돌리는 삶이 되게 하옵소서.

주님! 저도 주님의 영광을 나타내는 도구로 쓰임받고 싶습니다. 또 교회와 관계된 봉사활동도 열심히 해서 성장하는 성도가 되고 싶습니다. 그런데 아직 어린아이 같은 신앙이라 무엇을 어떻게 해야 할지 모르겠습니다.

주님! 제게도 주님의 일을 할 수 있는 길을 열어 주옵소서. 저같이 부족한 사람을 통해서도 주님이 영광 받으실 일이 분명히 있음을 믿습니다. 그 일을 제게 보여 주셔서, 저도 주님을 위해 무언가 할 수 있다는 자신감을 얻게 하시고, 제 신앙이 성장하고 신앙의 기쁨을 누리는 데 큰 유익을 얻게 하옵소서.

주님! 아직 은사에 대해 자세히 모르지만 저에게도 주님의 은사를 주셔서 제게 맡겨진 일을 성실히 감당할 수 있게 하옵소서.

예수 그리스도의 이름으로 기도합니다. 아멘

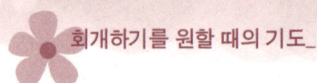 회개하기를 원할 때의 기도_

마음에 새겨 놓는 축복의 말씀

만일 우리가 우리 죄를 자백하면 그는 미쁘시고 의로우사 우리 죄를 사하시며 우리를 모든 불의에서 깨끗하게 하실 것이요 만일 우리가 범죄하지 아니하였다 하면 하나님을 거짓말하는 이로 만드는 것이니 또한 그의 말씀이 우리 속에 있지 아니하니라

_요한일서 1장 9 ~ 10절

믿음의 위인들이 들려주는 기도

진정한 기도는 죄 자백으로부터 출발합니다. 죄 자백이 없는 기도는 허공을 때리는 기도입니다.

_ 작자미상

은혜를 베푸소서

자비로우신 주님!

죄를 자백하는 자에게 한없는 용서의 은총을 베푸시는 주님이심을 감사드립니다.

이 시간, 죄로 얼룩져 있는 저를 발견합니다. 제가 죄를 짓게 된 이유와 원인은 모든 것이 제 탓임을 솔직히 시인합니다. 주님의 권고를 듣지 않고 제 생각과 의지를 앞세우며 살았던 교만의 결과임을 깨닫습니다. 저의 죄를 솔직히 고백하오니 주님의 인자하심을 따라 제게 은혜를 베푸시고 주님의 긍휼하심을 따라 저의 죄악을 용서하여 주옵소서 (시51:1).

주님! 주님의 성품을 닮아가기를 원합니다. 제 영혼을 변화시켜 주셔서 여전히 제 속에서 꿈틀거리고 있는 교만과 고집이 깨지게 하시고, 탐욕과 욕망이 부서지게 하여 주옵소서 허영과 사치와 음란과 정욕이 떠나가게 하여 주옵소서. 이제 좀 더 깨끗한 심령으로 주님을 대할 수 있게 하시고, 겸손과 낮아짐으로 주님의 뜻을 나타내며 그 뜻을 이루는 삶이 되게 하옵소서. 제 영혼을 새롭게 하시는 예수 그리스도의 이름으로 기도합니다, 아멘

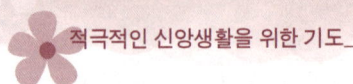
적극적인 신앙생활을 위한 기도_

마음에 새겨 놓는 약속의 말씀

믿음으로 말미암아 그리스도께서 너희 마음에 계시게 하시옵고 너희가 사랑 가운데서 뿌리가 박히고 터가 굳어져서 능히 모든 성도와 함께 지식에 넘치는 그리스도의 사랑을 알고 그 너비와 길이와 높이와 깊이가 어떠함을 깨달아 하나님의 모든 충만하신 것으로 너희에게 충만하게 하시기를 구하노라

_에베소서 3장 17 ~ 19절

믿음의 위인들이 남긴 기도 글

기도할 때 모든 일이 하나님께만 달려 있다 생각하고 기도하십시오. 일할 때는 모든 일이 자신에게 달려 있다고 생각하며 일을 하십시오.

_ 히포

신앙생활에 적극적이게 하소서

사랑의 주님!

저를 항상 주님의 은총 가운데 살게 하시니 감사합니다. 하지만 저의 신앙생활이 적극적이지 못해 늘 부족한 마음이 있습니다.

주님! 저를 향하신 하나님의 뜻과 계획이 분명히 있을 것인데 그것을 깨달아 알 수 있는 지혜를 허락하여 주옵소서. 그래서 좀 더 적극적인 신앙생활을 할 수 있게 하옵소서. 아무리 바쁜 일상이지만 그것에만 매여 있지 않게 하시고, 영적인 일에도 마음을 쏟는 삶이 되게 하옵소서. 다른 성도들처럼 주님께 받은 은혜에 감사하며 믿음으로 풍요로워지는 삶을 살아가게 하옵소서.

주님! 앞으로는 신앙과 관계된 일을 뒷전으로 미루는 일이 없게 하시고 주님의 마음을 아프게 하는 신앙생활이 되지 않게 하옵소서. 제 마음에 더 이상 핑계 댈 이유가 자리잡지 않게 하시고, 하나님의 영광을 위한 영적인 고민이 가득하게 하여 주옵소서.

사랑이 많으신 예수 그리스도의 이름으로 기도합니다. 아멘

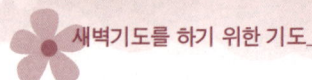
새벽기도를 하기 위한 기도_

마음에 새겨 놓는 약속의 말씀

하나님이여 내 마음이 확정되었고 내 마음이 확정되었사오니 내가 노래하고 내가 찬송하리이다 내 영광아 깰지어다 비파야, 수금아, 깰지어다 내가 새벽을 깨우리로다 주여 내가 만민 중에서 주께 감사하오며 뭇 나라 중에서 주를 찬송하리이다

_시편 57편 7 ~ 9절

믿음의 위인들이 들려주는 기도

새벽기도한 사람치고 잘못된 사람이 없고 세계적으로 위대한 일을 해치웠던 인물들은 다 새벽기도에 열심히 나왔던 사람입니다.

_ 바운즈

새벽기도에 도전하게 하소서

은혜의 주님!

제 영혼을 사랑하셔서 기도에 대하여 관심을 가질 수 있게 하시니 감사합니다. 기도가 중요함을 깨닫게 된 것은 전적으로 주님의 은혜임을 믿고 고백하며 감사드립니다.

주님! 새벽기도에 도전해 보려고 합니다. 잘 할 수 있을지 걱정부터 앞서지만 주님이 함께하시면 새벽기도를 드릴 수 있을 것임을 확신합니다. 매일 밤 다짐만 하고 번번이 달콤한 잠으로 끝나버리는 새벽기도가 되지 않도록 주님이 도와주옵소서.

새벽길을 걷는 저의 발걸음에 아침 이슬 같은 주님의 은혜를 더하실 것을 믿습니다. 새벽의 예배당에 발을 들여놓을 때마다 제 마음에 뿌듯한 기쁨이 샘솟게 하옵소서. 서툰 기도일지라도 진실을 담아 기도할 때마다 제 마음으로 찾아오시는 주님을 느낄 수 있게 하옵소서. 또한 새벽기도를 통하여 저의 신앙이 점점 더 성장하는 즐거움을 누릴 수 있게 하옵소서.

감사드리며 예수 그리스도의 이름으로 기도합니다. 아멘

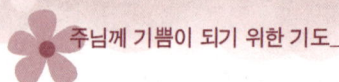
주님께 기쁨이 되기 위한 기도_

마음에 새겨 놓는 약속의 말씀

너의 하나님 여호와가 너의 가운데 계시니 그는 구원을 베푸실 전능자이시라 그가 너로 말미암아 기쁨을 이기지 못하시며 너를 잠잠히 사랑하시며 너로 말미암아 즐거이 부르며 기뻐하시리라 하리라

_스바냐 3장 17절

믿음의 위인들이 들려주는 기도

기도는 어떠한 필요에 의하여 부르짖는 것 이상으로 영적 생활을 유지하기 위하여 우리에게 주어진 특권입니다.

_헤럴드 프릴리

주님께 기쁨이 되게 하소서

사랑의 주님!

주님께 기쁨이 되기 원하여 기도합니다. 저의 신앙생활이 언제나 주님께 기쁨이 되게 하옵소서.

예배를 사랑하는 저의 마음이 주님께 기쁨이 되며, 입술에 담긴 저의 찬양이 주님께 기쁨이 되게 하옵소서.

마음을 담아 드리는 저의 헌금이 주님께 기쁨이 되며, 정성 깃들인 저의 봉사가 주님께 기쁨이 되게 하옵소서.

겸손을 앞세운 저의 순종이 주님께 기쁨이 되고, 진실이 묻어나는 저의 섬김이 주님께 기쁨이 되게 하옵소서.

믿음을 앞세운 저의 충성이 주님께 기쁨이 되고, 희생을 각오한 저의 헌신이 주님께 기쁨이 되게 하옵소서.

눈물의 고백이 담긴 저의 회개가 주님께 기쁨이 되고, 간절함이 묻어 있는 저의 기도가 주님께 기쁨이 되게 하옵소서.

저의 삶이 언제나 주님께 기쁨이 되기를 원하오며 예수 그리스도의 이름으로 기도합니다. 아멘

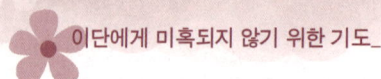

이단에게 미혹되지 않기 위한 기도

마음에 새겨 놓는 약속의 말씀

사랑하는 자들아 영을 다 믿지 말고 오직 영들이 하나님께 속하였나 분별하라 많은 거짓 선지자가 세상에 나왔음이라…예수를 시인하지 아니하는 영마다 하나님께 속한 것이 아니니 이것이 적 그리스도의 영이니라 오리라 한 말을 너희가 들었거니와 벌써 세상에 있느니라

_요한일서 4장 1, 3절

믿음의 위인들이 들려주는 기도

사탄의 궤계에 빠지지 않는 길은 순간순간마다 깨어 기도하는 길입니다.

_ 여호수아

이단을 경계하게 하소서

길과 진리이신 주님!

제게는 주님만이 길과 진리와 생명이심을 믿습니다. 언제나 길 되신 주님만을 따라가는 삶이 되게 하시고, 진리로 거룩함을 입으며 굳세고 강한 믿음 안에 거하는 삶이 되게 하여 주옵소서.

주님! 교패가 붙어 있는 집마다 찾아다니는 사람들이 저희 집에도 가끔 찾아옵니다. 또 어떤 사람은 성경을 잘 가르치는 곳이 있는데 같이 가자고 계속 찾아기도 합니다.

저는 이들이 잘못된 가르침으로 믿음에서 넘어지게 하는 사람들이란 것을 알게 되었습니다. 이들에게 넘어갈 수도 있었던 것을 생각하면 무섭고 두려운 마음이 저를 사로잡습니다.

주님! 이단들에게 넘어가지 않으려면 하나님 중심, 교회 중심, 말씀 중심으로 신앙생활을 해야만 한다는 말씀을 들었습니다. 제가 그렇게 할 수 있도록 성령님이 도와주옵소서. 혹시라도 이단의 거짓되고 악한 영에 현혹되는 일이 없도록 저의 영혼을 붙들어 주옵소서.

예수 그리스도의 이름으로 기도합니다. 아멘

Prayers for everything in life

Part 2

 일상생활을 위한
기도문

하루를 시작할 때의 기도_

마음에 새겨 놓는 축복의 말씀

두려워하지 말라 내가 너와 함께 함이라 놀라지 말라 나는 네 하나님이 됨이라 내가 너를 굳세게 하리라 참으로 너를 도와주리라 참으로 나의 의로운 오른손으로 너를 붙들리라

_이사야 41장 10절

믿음의 위인들이 들려주는 기도

그대의 날의 첫 생각을 주님께 드리면 하루 종일을 그와 교통할 수 있고, 그 안에서 잠이 들 수 있을 것입니다.

_ 헨리 바우칸

복 있는 하루가 되게 하소서

선한 목자이신 주님!

오늘도 잠에서 깨어나 하루를 시작하게 하시니 감사합니다. 하루를 시작하기 전에 주님의 선하심과 인자하심을 바라보며 기도합니다. 오늘 하루도 저의 생각과 마음을 주관하셔서 복 있는 하루를 살게 하옵소서. 제가 하고 있는 일에 최선을 다해서 아쉬움이 남지 않게 하시고, 만족과 보람을 얻는 하루를 살게 하옵소서.

누구를 만나서 대화를 나누든지 불쾌감을 주는 일이 없게 하시고, 정감 있는 말로 푸근한 교감을 나누는 하루를 살게 하옵소서. 또 저만을 위한 삶이 아니라, 남을 배려하고 헤아릴 수 있는 하루가 되기를 원합니다. 위로가 필요한 자에게 위로를 주고, 용기가 필요한 자에게 용기를 주는 하루를 살게 하옵소서.

저 스스로가 하나님의 자녀라는 신분을 잊지 않게 하셔서 항상 주님의 향기를 나타내며 믿음의 덕을 세우는 하루를 살게 하옵소서.

언제나 저와 함께하시는 예수님의 이름으로 기도합니다. 아멘

 식사를 시작할 때의 기도_

마음에 새겨 놓는 축복의 말씀

그의 기적을 사람이 기억하게 하셨으니
여호와는 은혜로우시고 자비로우시도다
여호와께서
자기를 경외하는 자들에게 양식을 주시며
그의 언약을 영원히 기억하시리로다
_시편 111편 4 ~ 5절

믿음의 위인들이 들려주는 기도

일반적으로 기도는 모든 삶에 있어서 영원한 성장의 요소인 출발점과 목적 그 자체가 됩니다.
_ 피얼슨

필요한 자양분이 되게 하소서

사랑의 주님!

오늘도 일용할 양식을 주셔서 감사합니다. 식탁에 차려진 음식을 맛있게 먹으며 항상 주님께 감사하게 하옵소서. 이 음식을 준비한 사람에게도 함께 하셔서 언제나 아름답고 복 있는 손길로 쓰임 받게 하옵소서.

주님! 이 시간에 제가 섭취하는 음식으로 몸에 필요한 영양분을 공급받아, 생활하는 데 꼭 필요한 에너지가 되게 하시고, 건강한 몸을 관리하는 데 꼭 필요한 자양분이 되게 하옵소서.

주님! 음식을 먹을 때마다 항상 잘 먹고, 잘 소화되기를 원합니다. 입맛을 잃지 않도록 건강을 지켜 주시고 소화기계통에 문제가 생기지 않도록 내장기능을 강화시켜 주옵소서.

주님! 저의 생활이 주님이 베푸신 양식에 부끄럽지 않은 모습이 되기를 원합니다. 무슨 일을 하든지 항상 주님이 기뻐하시는 것을 좇아가게 하시고, 주님의 영광을 위하여 살아가게 하옵소서.

감사드리며 음식을 먹을 때마다 예수 그리스도의 이름으로 기도합니다. 아멘

운전을 시작할 때의 기도_

마음에 새겨 놓는 축복의 말씀

내가 사망의 음침한 골짜기로 다닐지라도 해를 두려워하지 않을 것은 주께서 나와 함께 하심이라 주의 지팡이와 막대기가 나를 안위하시나이다
_시편 23편 4절

믿음의 위인들이 들려주는 기도

영혼이 하나님의 앞에 안기는 것은 대단히 유익한 일입니다. 어디에 가든지 주님과 함께 동행한다면 문제가 될 것은 없습니다.

_ 테레사

핸들을 잡아 주소서

사랑의 주님!

운전을 하기 전에 주님을 의지하는 마음으로 기도합니다. 하루에도 수천 건의 교통사고가 일어나는 세상에서 저도 핸들을 잡는 순간 교통사고로부터 자유롭지 못함을 깨닫습니다. 항상 교통사고의 위험에 노출되어 있는 저를 지켜 주옵소서. 주님의 말씀처럼 제 앞에 무슨 일이 일어날지 전혀 알 수 없사오니, 불꽃같은 눈동자로 저를 지켜 주시고 보호하여 주옵소서. 운전 중일 때 저의 마음을 붙들어 주셔서 엉뚱한 생각에 마음을 빼앗기지 않게 하시고, 운전을 하는 것 외에 불필요한 행동을 하지 않도록 저의 몸을 주관하여 주옵소서. 혹, 운전 중 방해를 받는 일이 생기더라도 잘 참을 수 있는 마음을 주셔서 상한 감정의 지배를 받지 않고 안전운전을 할 수 있게 하옵소서. 어디를 가든 교통법규와 신호를 잘 지켜 잘못된 양심으로 자신을 속이고 주님을 속이는 일이 없게 하옵소서.

운전을 통해서도 주님께 영광 돌리는 삶이 되기를 원하며 예수 그리스도의 이름으로 기도합니다. 아멘

 **잠자리에 들 때의 기도_**

마음에 새겨 놓는 축복의 말씀

여호와는 너를 지키시는 이시라
여호와께서 네 오른쪽에서
네 그늘이 되시나니
낮의 해가 너를 상하게 하지 아니하며
밤의 달도 너를 해치지 아니하리로다
_시편 121편 5 ~ 6절

믿음의 위인들이 들려주는 기도

우리가 하나님의 말씀을 볼 때는 하나님께서 우리에게 말씀하시는 때요, 우리가 기도할 때는 우리가 하나님께 말씀을 드리는 때입니다.
_스미스

단잠을 잘 수 있게 하소서

자비하신 하나님 아버지!

오늘 하루를 기도로 마무리하게 하심을 감사합니다. 주님의 보호와 인도하심 가운데 살았던 하루였습니다. 하루를 마칠 때 언제나 주님께 감사의 기도를 드리며 마무리하게 하옵소서.

주님! 하루 동안의 제 삶을 반성해 봅니다. 저의 말이나 행동 가운데 주님의 뜻에 어긋난 것이 있었다면 용서하여 주옵소서. 이제 잠자리에 들려고 합니다. 졸지도, 주무시지도 않으시는 주님께서 이 밤에도 함께하실 것을 믿습니다(시121:4). 여호와께서 그의 사랑하시는 자에게 잠을 주신다는 말씀을 기억합니다(시127:2). 근심 걱정에 사로잡혀 잠을 못 이루는 일이 없도록 제 마음에 평안의 복을 더하여 주옵소서. 길지 않은 시간이지만 육체가 쉼을 얻을 수 있도록 단잠을 자게 하옵소서. 영혼도 안식을 얻고 악몽에 시달리는 일이 없게 하옵소서.

아침에 다시 일어나 주님께 감사하는 마음으로 하루를 시작하게 하실 것을 믿사오며 예수 그리스도의 이름으로 기도합니다. 아멘

 감사하는 삶을 위한 기도_

마음에 새겨 놓는 축복의 말씀

범사에 감사하라
이것이 그리스도 예수 안에서
너희를 향하신 하나님의 뜻이니라
_데살로니가전서 5장 18절

믿음의 위인들이 들려주는 기도

감사는 능력입니다.
내가 하나님께 향한 감사의 기도가 있는 한
내게 승리할 수 있는 힘이 있습니다.
_ 작작 미상

범사에 감사하게 하소서

사랑의 주님!

그동안 제 삶을 돌이켜보니 감사하면서 사는 데 너무나 인색했음을 고백합니다. 감사보다는 오히려 불만과 불평을 앞세우며 살았던 삶이었습니다.

조금이라도 제 생각과 마음에 맞지 않으면 잘못된 것이라 판단하고, 곧바로 불만과 불평으로 제 삶을 포장하기에 바빴습니다.

그러나 주님! 이제는 말씀을 통하여 범사에 감사하는 것이 주님의 뜻이란 것을 깨닫습니다. 언제나 감사하며 살아가도록 도와주옵소서.

어떤 상황과 형편에 놓이든지 감사를 앞세우는 삶이 되도록 제 마음을 주관하여 주옵소서. 불편한 일이 생겨도 감사하며 살게 하시고, 바라는 대로 되지 않아도 먼저 감사부터 하게 하옵소서.

그렇게 제 삶이 조금씩 주님의 뜻과 가까워지기를 바랍니다. 참 좋으신 우리 주님은 제가 범사에 감사하면서 살아갈 때에 감사의 열매도 풍성하게 맺게 하실 것을 믿습니다.

사랑이 많으신 예수 그리스도의 이름으로 기도합니다. 아멘

겸손의 삶을 위한 기도_

마음에 새겨 놓는 약속의 말씀

젊은 자들아 이와 같이 장로들에게 순종하고 다 서로 겸손으로 허리를 동이라 하나님은 교만한 자를 대적하시되 겸손한 자들에게는 은혜를 주시느니라 그러므로 하나님의 능하신 손 아래에서 겸손하라 때가 되면 너희를 높이시리라

_베드로전서 5장 5 ~ 6절

믿음의 위인들이 들려주는 기도

사람은 왜 기도하는가? 그것은 사람이 기도하도록 지음을 받았기 때문입니다.

_ 존스

겸손한 삶이 되게 하소서

사랑의 주님!

주님을 닮아가는 겸손한 사람이 되기 위하여 기도합니다. 다른 사람을 무시하거나 얕잡아 보는 오만함을 보이는 일이 없게 하시고, 상처를 주거나 비난을 받는 일이 없게 하옵소서.

자랑할 것이 있어도 목에 힘을 주는 거만함을 보이는 일이 없게 하시고, 능력을 갖추었어도 스스로 잘난 척, 스스로 대단한 척 교만을 앞세우는 일이 없게 하옵소서.

혹 억울한 일을 당해도 자신의 결백을 변호하기 위하여 상대방의 단점을 들추어내는 일이 없게 하시고, 오히려 침묵함으로, 주님의 겸손을 배워가는 복된 계기로 삼게 하옵소서.

자신의 허물을 감추기 위하여 양심을 속이는 일이 없게 하시고, 일부러 겸손하다는 것을 보여주기 위하여 겸손을 가장한 억지 친절을 보이는 일이 없게 하옵소서.

사람과 주님 앞에서 겸손을 지닌 사람이 되기를 원하며 예수 그리스도의 이름으로 기도합니다. 아멘

 기쁨의 삶을 위한 기도_

마음에 새겨 놓는 약속의 말씀

주 안에서 항상 기뻐하라 내가 다시 말하노니 기뻐하라 너희 관용을 모든 사람에게 알게 하라 주께서 가까우시니라 아무 것도 염려하지 말고 다만 모든 일에 기도와 간구로, 너희 구할 것을 감사함으로 하나님께 아뢰라

_빌립보서 4장 4~6절

믿음의 위인들이 들려주는 기도

하나님과 인간을 위해서 누구나 할 수 있는 가장 훌륭한 일은 기도하는 일입니다.

_ 사무엘 골든

항상 기뻐하며 살게 하소서

기쁨의 근원이 되시는 주님!
항상 기뻐하는 삶을 위하여 기도합니다. 제가 항상 기뻐하며 살 수 있도록 인도하여 주옵소서.

착실하게 세운 계획들이 제대로 이루어지는 것이 없을지라도 주님의 섭리를 바라보며 끝까지 기쁨을 잃지 않는 삶이 되게 하옵소서.

인생 가운데 생채기 나는 일들이 자주 발생하더라도 믿음의 주요 온전하게 하시는 주님을 바라보며 항상 기쁨을 잃지 않는 삶이 되게 하옵소서.

고통스럽고 힘든 상황에 놓이더라도 끝내 합력하여 선을 이루게 하시는 주님을 의지하며 항상 기쁨을 잃지 않는 삶이 되게 하옵소서.

도저히 감당하기 어려운 절망스런 환경이 주어질지라도 "담대하라 내가 세상을 이기었노라"(요16:33)고 선언하신 주님의 약속을 굳게 믿고 소망 가운데 기쁨을 잃지 않는 삶이 되게 하옵소서.

어느 때라도 항상 기쁨을 잃지 않는 삶이 되게 하실 것을 믿으며 예수 그리스도의 이름으로 기도합니다. 아멘

 **긍정의 삶을 위한 기도_**

마음에 새겨 놓는 약속의 말씀

너희가 전에는 어두움이더니 이제는 주 안에서 빛이라 빛의 자녀들처럼 행하라 빛의 열매는 모든 착함과 의로움과 진실함에 있느니라 주를 기쁘시게 할 것이 무엇인가 시험하여 보라 너희는 열매 없는 어둠의 일에 참여하지 말고 도리어 책망하라
_에베소서 5장 8 ~ 11절

믿음의 위인들이 들려주는 기도

기도하지 않는 것은 필요한 것이 아무것도 없다는 선언일 뿐만 아니라 그 필요한 것을 인식하지 못하고 있음을 인정하는 것입니다.
_ 이. 엠. 바운즈

긍정의 삶이 되게 하소서

능력의 주님!

저에게 긍정적인 생각과 마음을 갖고 세상을 살아가는 지혜를 주옵소서.

"내게 능력 주시는 자 안에서 모든 것을 할 수 있다"는 말씀을 기억합니다(빌4:13). 이 말씀대로 자신감을 가지고 힘 있게 살아가는 삶이 되게 하옵소서. 설령 어렵고 힘든 일이 닥칠지라도 합력하여 선을 이루시는 주님의 섭리를 바라보며 믿음으로 승리하게 하옵소서.

만나고 접촉하는 사람들에게도 웃음과 기쁨과 즐거움을 선물하게 하시고, 어떤 이야기를 나누든지 축복의 언어로 상대방을 풍요롭게 하는 삶이 되게 하옵소서. 또한, 어떤 일을 하든지 행위 가운데 적극적인 모습을 보이게 하시고, 창조적으로 감당하게 하옵소서. 주님은 긍정적인 생각으로 사는 사람을, 미래를 열어 가는 축복의 그릇으로 사용하실 것을 믿습니다. 이 시대에 꽉 막힌 것들을 시원하게 하는 축복의 통로로 사용하실 것을 믿습니다. 저를 그렇게 사용하여 주옵소서.

예수 그리스도의 이름으로 기도합니다. 아멘

🌸 **꿈과 비전과 목표를 위한 기도_**

마음에 새겨 놓는 약속의 말씀

형제들아 나는 아직 내가 잡은 줄로 여기지 아니하고 오직 한 일 즉 뒤에 있는 것은 잊어버리고 앞에 있는 것을 잡으려고 푯대를 향하여 그리스도 예수 안에서 하나님이 위에서 부르신 부름의 상을 위하여 달려가노라

_빌립보서 3장 13 ~ 14절

믿음의 위인들이 들려주는 기도

세상의 어떤 남자나 여자에게 하나님께서 가장 좋은 재능을 주셨다면 그것은 바로 기도의 재능입니다.

_ 알렉산더 화이트

꿈과 비전과 목표가 있게 하소서

사랑의 주님!

제가 주님이 주시는 새로운 꿈과 비전을 가슴에 품기 원합니다. 그 꿈과 비전이 언제나 제 인생을 움직이게 하시고, 그것으로 말미암아 언제 어디서나 희망이 넘쳐나는 삶이 되게 하옵소서. 성경의 요셉이 주님이 주신 꿈과 비전을 붙들고 살았기에 악조건 속에서도 늘 다시 일어서는 삶을 산 것같이, 저도 주님이 주신 꿈과 비전으로 악조건 속에서도 매번 다시 일어나는 삶이 되게 하옵소서. 주님이 뜻하신 때에, 주님이 뜻하신 그릇으로 저를 빚으셔서 제 인생을 복되게 하실 것을 믿습니다.

또한, 제 인생 가운데 주님이 주시는 영적인 목표를 발견하기 원합니다. 주님의 자녀이면서도 육신적인 것에만 치우쳐 있는 삶이 되지 않게 하시고, 주님이 제게 주시는 영적인 목표를 발견하여 그 목표를 향해 달려가는 삶이 되게 하옵소서. 저뿐 아니라, 주님을 믿는 모든 이에게도 영적인 목표와 비전을 주셔서 그 꿈으로 인해 복된 인생을 누리게 하옵소서.

예수 그리스도의 이름으로 기도합니다. 아멘

복된 언어 생활을 위한 기도_

마음에 새겨 놓는 약속의 말씀

우리가 다 실수가 많으니 만일 말에 실수가 없는 자라면 곧 온전한 사람이라 능히 온 몸도 쓔우리라 우리가 말들의 입에 재갈 물리는 것은 우리에게 순종하게 하려고 그 온 몸을 제어하는 것이라

_야고보서 3장 2 ~ 3절

믿음의 위인들이 들려주는 기도

기도하지 않고는 아무도 자신의 진실함을 보증할 수 없습니다. 기도는 행동화되는 믿음입니다.

_ 작자 미상

복된 언어 습관을 갖게 하소서

사랑의 주님!

거룩한 주님의 백성으로 살아야 함에도 입술로 주님의 영광을 가릴 때가 많습니다. 늘 주님께 죄만 더하는 삶이 되는 것 같아 제 자신이 밉고 속상하기만 합니다.

주님! 저의 부족한 입술을 성령님이 붙잡아 주셔서 말에 실수가 없게 하시고, 불쾌감을 주는 말을 하지 않게 하시며, 경우에 합당한 말을 할 수 있도록 도와주옵소서. 한마디를 하더라도 항상 조심하게 하시고, 필요 적절한 말로 상대방의 마음을 헤아리는 사람이 되게 하옵소서. 상대방이 부족하더라도 장점을 찾아 칭찬해 주고, 어떤 경우라도 허물을 지적하거나 비판하는 말을 하지 않도록 도와주옵소서.

상대방이 말을 할 때는 끝까지 들어 주는 인내심을 갖게 하시고, 의견을 물어올 때는 상대방의 의사를 존중하며 적절한 말로 도움을 주게 하옵소서.

주님께 영광 돌리는 신앙인이 되기 원하며 예수 그리스도의 이름으로 기도합니다. 아멘

열등감을 떨쳐버리기 위한 기도_

마음에 새겨 놓는 약속의 말씀

내가 궁핍하므로 말하는 것이 아니니라 어떠한 형편에 처하든지 나는 자족하기를 배웠노니 나는 비천에 처할 줄도 알고 풍부에 처할 줄도 알아 모든 일 곧 배부름과 배고픔과 풍부와 궁핍에도 처할 줄 아는 일체의 비결을 배웠노라 내게 능력 주시는 자 안에서 내가 모든 것을 할 수 있느니라
_빌립보서 4장 11 ~ 13절

믿음의 위인들이 들려주는 기도

하나님께서는 스스로 주시기를 원하고 계십니다. 그러기 때문에 우리에게 구하라 하셨습니다.
_ 바운즈

만족하는 삶을 살게 하소서

은혜의 주님!

저를 하나님의 형상대로 지으신 것을 믿습니다. 주님은 제게 때를 따라 필요한 것들을 공급해 주시는 은혜로 함께하고 계심을 믿습니다. 하지만 그 은혜를 누리며 살아야 함에도 저는 열등감에 사로잡혀 살 때가 너무나 많습니다.

주님! 제가 자꾸만 열등감에 사로잡히는 이유를 주님께서 헤아려 주시기를 바랍니다. 모든 것이 제가 못나고 부족한 탓입니다. 주님을 믿는다지만 여전히 세상적인 기준에서 벗어나지 못하고 비교의식과 자격지심에 매여 있는 제 모습이 너무나 부끄럽습니다.

주님! 주님의 겸손함을 닮게 하옵소서. 지금의 환경이 아무리 열악하더라도 주님의 섭리를 바라보며 만족하는 삶이 되게 하시고 주님의 형상을 소유한 저의 가치를 되새기며 당당하게 살아가게 하옵소서. 우리 주님은 분명히 저의 인생을 축복하실 것을 믿습니다. 제 인생의 든든한 후원자가 되어 주실 것을 믿습니다.

예수 그리스도의 이름으로 기도합니다. 아멘

🌸 품을 수 있는 삶이되기 위한 기도_

마음에 새겨 놓는 약속의 말씀

또 네 이웃을 사랑하고
네 원수를 미워하라 하였다는 것을
너희가 들었으나
나는 너희에게 이르노니
너희 원수를 사랑하며
너희를 박해하는 자를 위하여 기도하라
_마태복음 5장 43 ~ 44절

믿음의 위인들이 들려주는 기도

기도해보지 않은 사람은 기도의 맛을 모릅니다.
기도와 함께 주님과의 사귐이 삶을 변화시킵니다.
_ 타나

온유한 마음을 갖게 하소서

사랑의 주님!

품을 수 있는 사람이 되기 위하여 기도합니다. 이제껏 저는 다른 사람을 품지 못한 삶을 살아왔습니다. 저를 속상하게 하고 입방아 찧는 사람들을 미워했습니다. 단순히 미워한 것이 아니라, 어떤 때는 증오의 가시를 세우기도 했습니다. 답답하여 견딜 수 없을 땐 상대방의 얼굴을 떠올리며 혼자서 독설을 퍼부었고, 그래도 분이 안 풀리면 혼자 핏발을 세워 언제까지 보고만 계실 거냐고 주님을 향하여 항의를 하기도 했습니다.

주님! 이렇게 변해 가는 제 자신이 겁이 납니다. 이러다가 제 영혼까지 미워하게 될까 두렵습니다. 영혼을 가볍게 여기는 습관에 길들여지는 것은 아닌지 두렵습니다.

주님! 제게 있는 미움과 분노의 마음을 사랑의 마음으로 바꾸어 주옵소서. 어떤 것이라도 품고 사랑할 수 있는 온유한 마음을 갖게 하옵소서. 제 모습이 주님의 형상을 닮아가는 복 있는 삶이 되게 하옵소서.

예수 그리스도의 이름으로 기도합니다. 아멘

 바른 물질관을 갖기 위한 기도_

마음에 새겨 놓는 약속의 말씀

하나님은 이르시되 어리석은 자여 오늘 밤에 네 영혼을 도로 찾으리니 그러면 네 준비한 것이 누구의 것이 되겠느냐 하셨으니 자기를 위하여 재물을 쌓아두고 하나님께 대하여 부요하지 못한 자가 이와 같으니라

_누가복음 12장 20 ~ 21절

믿음의 위인들이 들려주는 기도

예수 그리스도의 이름으로 기도한다는 것은 우리가 예수 그리스도께서 무한한 예금을 해 놓으신 천국은행에 가는 것과 같습니다.

_ 토레이

잘 관리하고 다스릴 수 있게 하소서

은혜로우신 주님!

저에게 필요한 물질을 주셔서 감사합니다. 물질의 많고 적음을 떠나서 그것을 잘 관리하고 다스릴 지혜가 있기 원하여 기도합니다.

저에게 주님의 말씀에 기초한 물질관을 갖게 하셔서 물질을 언제나 주님의 뜻을 나타내는 데 사용하게 하시고, 저의 욕구를 채우는 일에는 항상 인색하게 하옵소서.

주님 앞에 드릴 것은 언제나 마음을 담아 정직하게 드리게 하시고, 주님의 것을 탐내거나 손을 대는 나쁜 버릇은 갖지 않게 하옵소서.

또한, 써야 할 곳과 쓰지 말아야 할 곳을 냉철하게 분별하는 지혜가 있게 하시고, 주님이 필요로 하는 곳에는 언제나 넉넉함을 보이는 손길이 되게 하옵소서. 혹 물질 때문에 어려움 가운데 놓이게 될지라도 주님을 원망하는 일이 없게 하시고, 합력하여 선을 이루시는 주님을 생각하며 감사하는 마음을 갖게 하옵소서. 사랑하는 자에게 때마다 채우시는 주님이심을 믿습니다.

예수 그리스도의 이름으로 기도합니다. 아멘

🌸 **안전한 삶을 위한 기도_**

마음에 새겨 놓는 약속의 말씀

내가 여호와를 항상 내 앞에 모심이여 그가 나의 오른쪽에 계시므로 내가 흔들리지 아니하리로다 이러므로 나의 마음이 기쁘고 나의 영도 즐거워하며 내 육체도 안전히 살리니 이는 주께서 내 영혼을 스올에 버리지 아니하시며 주의 거룩한 자를 멸망시키지 않으실 것임이니이다

_시편 16편 8 ~ 10절

믿음의 위인들이 들려주는 기도

육신의 부모님께 구체적으로 나의 필요를 요청하듯이, 하나님 아버지께도 구체적으로 기도해 보십시오.

_ 작자 미상

지키시고 보호하여 주소서

사랑의 주님!

안전을 위하여 기도합니다. 갈수록 세상이 험악해지고 있습니다. 곳곳마다 위험이 도사리고, 생명이 위협받는 일들이 벌어집니다. 언제 어떻게 위험한 일이 닥칠지 알 수 없는 하루하루를 살고 있습니다.

주님! 불꽃 같은 눈동자로 지켜 주옵소서. 어느 순간에 사방으로부터 욱여쌈을 당하는 일이 생기지 않도록, 모든 위험으로부터 안전하게 지키시고 보호하여 주옵소서. 혹 위험한 일이 생겨도 놀라거나 당황하는 일이 없게 하시고, 주님의 도우심을 구하며 위기의 순간을 지혜롭게 헤쳐 나가게 하옵소서.

우리 주님은 사랑하시는 자녀를 도우시는 분이심을 믿습니다. 모든 위험에서 건지시는 분이심을 믿습니다. 생명의 관을 씌우시고 좌편과 우편을 성령의 검으로 지키고 계시는 분이심을 믿습니다. 그 주님을 의지하는 가운데 언제나 두려움 없이 살게 하옵소서.

예수 그리스도의 이름으로 기도합니다. 아멘

🌸 친절한 삶을 위한 기도_

마음에 새겨 놓는 약속의 말씀

너희가 너희를 사랑하는 자를 사랑하면 무슨 상이 있으리요 세리도 이같이 아니하느냐 또 너희가 너희 형제에게만 문안하면 남보다 더하는 것이 무엇이냐 이방인들도 이같이 아니하느냐 그러므로 하늘에 계신 너희 아버지의 온전하심과 같이 너희도 온전하라
_마태복음 5장 46 ~ 48절

믿음의 위인들이 들려주는 기도

나에게 있어서는 일할 때나 기도할 때나 다를 바가 없습니다. 기도는 하나님의 임재를 늘 고백하는 것입니다.
_ 브라더 로렌스

친절한 삶을 살게 하소서

사랑의 주님!

죄 많은 저를 구원하여 주셔서 주님의 자녀로 살아갈 수 있게 하시니 감사합니다. 이제 저도 주님의 자녀답게 주님을 닮아가는 사람이 되기를 원합니다. 부족하고 연약한 저를 도와주옵소서.

좋은 이웃이 되기 위해 기도합니다. 먼저 친절함을 실천해 나가게 하옵소서. 상대방에게 마음을 다한 배려를 아끼지 않으며, 불필요한 대화에도 정감 있게 응할 수 있게 하옵소서. 큰 실수에는 넉넉한 관용을 보이며, 큰 허물도 감싸고 덮어 주는 마음을 주옵소서. 아픔이 있을 때는 따뜻한 위로를 아끼지 않으며, 힘들어 할 때는 용기와 자신감을 심어 주는 사람이 되게 하옵소서. 사소한 말도 진지함으로 들어 주며, 강경한 태도에도 대립하지 않고 존중해 주는 사람이 되게 하옵소서. 거친 행동에는 온유함으로 설득하며, 무시하는 태도에는 넉넉함과 푸근함으로 받아줄 수 있는 사람이 되게 하옵소서. 이런 모습으로 예수 믿는 사람의 아름다움을 보여 주는 삶을 살게 하옵소서.

예수 그리스도의 이름으로 기도합니다. 아멘

🌸 아름다운 사귐을 위한 기도_

마음에 새겨 놓는 약속의 말씀

다윗에 대한 요나단의 사랑이
그를 다시 맹세하게 하였으니
이는 자기 생명을 사랑함 같이
그를 사랑함이었더라
_사무엘상 20장 17절

믿음의 위인들이 들려주는 기도

기도는 하나님께서 그 영으로 우리에게 내려오시고 우리는 기도로 말미암아 그분에게 올라가는 것입니다.

_ 토마스 왓슨

아름다운 사귐이 있게 하소서

사랑의 주님!

저에게 좋은 만남과 사귐이 있기를 바라며 기도합니다. 건전하고 아름다운 대화로 서로에게 유익을 주는 사귐이 있게 하시고, 서로의 미래를 위하여 꿈과 비전을 함께 나누는 사귐이 있게 하여 주옵소서. 서로의 약점은 보완할 줄 알며, 단점은 덮어줄 줄 아는 사귐이 있게 하여 주옵소서. 어렵고 힘들 때 도와주며, 말 못할 고민이 있을 때 서로의 고민을 들어 주는 사귐이 있게 하여 주옵소서.

칭찬받을 일이 있을 때 그 공을 서로에게 돌리고, 좋은 일이 있을 때 자신보다 상대를 세워 주는 사귐이 있게 하여 주옵소서. 지나친 경쟁으로 서로에게 상처를 주는 일이 없게 하시고, 다윗과 요나단 같이 깊은 우정으로 서로를 감싸 안을 수 있는 사귐이 있게 하여 주옵소서.

서로를 격려할 줄 알며, 서로를 인정할 줄 알며, 서로를 섬길 줄 알며, 서로를 위로할 줄 알며, 서로를 축복할 줄 아는, 주님이 보시기에 아름다운 사귐이 있게 하여 주옵소서.

예수 그리스도의 이름으로 기도합니다. 아멘

 바른 결단을 위한 기도_

마음에 새겨 놓는 약속의 말씀

그런즉 너희가 어떻게 행할지를 자세히 주의하여 지혜 없는 자 같이 하지 말고 오직 지혜 있는 자 같이 하여 세월을 아끼라 때가 악하니라 그러므로 어리석은 자가 되지 말고 오직 주의 뜻이 무엇인가 이해하라

_에베소서 5장 15 ~ 17절

믿음의 위인들이 들려주는 기도

진실한 기도는 검은 구름을 헤치며, 야곱의 사다리를 오르게 하며, 말씀과 사랑을 중대시켜 위로부터의 모든 축복을 가져옵니다.

_ 찰스 스펄전

바른 결단을 내리게 하소서

사랑의 주님!

입술을 열어 기도할 수 있는 마음을 주신 주님께 감사드립니다. 주님의 자녀로 바른 결단을 내리는 지혜로운 사람이 되기 위하여 기도합니다.

하찮은 유혹 앞에서도 주저하거나 머뭇거리는 모습을 보이지 않게 하시고, 단호히 결단을 내리는 의지와 지혜가 있게 하옵소서. 악한 말에는 동조하는 일이 없게 하시며, 불의한 일과는 타협하지 않는 정직함으로 살게 하옵소서. 아닌 것은 '아니오' 할 줄 알게 하시고, 옳은 것은 '예' 할 수 있는 행동을 보이게 하옵소서.

좋지 못한 상황에서도 양심의 등불을 밝힐 수 있게 하시고, 좋은 기회가 주어졌을 때는 기도하는 겸손함이 있게 하옵소서. 피하여야 할 자리에는 기웃거리지도 말게 하시고, 필요한 행동을 보여야 할 때는 어렵고 힘들지라도 용기를 보일 수 있게 하옵소서. 의롭고 선한 일에는 뒷걸음치는 일이 없게 하시고, 주님의 뜻을 나타내는 일에는 언제나 앞장서는 믿음으로 살아가게 하옵소서.

예수 그리스도의 이름으로 기도합니다. 아멘

🌸 **불평의 마음을 바꾸기 위한 기도_**

마음에 새겨 놓는 약속의 말씀

나를 원망하는 이 악한 회중에게 내가 어느 때까지 참으랴 이스라엘 자손이 나를 향하여 원망하는 바 그 원망하는 말을 내가 들었노라 그들에게 이르기를 여호와의 말씀에 내 삶을 두고 맹세하노라 너희 말이 내 귀에 들린 대로 내가 너희에게 행하리니

_민수기 14장 27 ~ 28절

믿음의 위인들이 들려주는 기도

이루어질 때까지 쉬지 말고 기도하십시오. 기도는 그렇게 하는 것입니다.

_ 존 낙스

제 마음을 변화시켜 주소서

사랑의 주님!

저에게 구원의 은혜를 베푸시고 주님의 은총 가운데 살게 하심을 감사드립니다. 하지만 저의 생활을 돌이켜보면 저 자신도 의아할 정도로 불평에 사로잡혀 있는 것을 깨닫습니다. 생활이 그다지 어렵고 힘든 것도 아닌데, 왜 제 마음속에는 항상 불평으로 가득 차 있는지 모르겠습니다. 무슨 일을 해도 만족이 없고, 무슨 말을 해도 부정과 불평의 언어만 쏟아냅니다. 사물을 바라보는 저의 시각도 항상 부정적인 방향으로 기울어져 있습니다. 주님을 믿으면서도 교회를 다닌다는 것 외에는 제 모습은 달라진 것이 없는 것 같습니다.

주님! 기도하오니 저의 생각과 마음에서 불평이 사라지도록 제 마음을 변화시켜 주옵소서. 저에게 새롭게 되는 은혜를 부어 주옵소서. 사물을 바라보는 시각이 긍정의 시각으로 바뀌게 하옵소서. 불평보다 감사를 입에 담아내는 삶이 되게 하옵소서. 긍정의 언어를 통하여 주님을 기쁘시게 하고 사람을 즐겁게 하는 삶이 되게 하여 주옵소서.

예수 그리스도의 이름으로 기도합니다. 아멘

🌸 온유한 삶이되기 위한 기도_

마음에 새겨 놓는 약속의 말씀

주의 종은 마땅히 다투지 아니하고 모든 사람에 대하여 온유하며 가르치기를 잘하며 참으며 거역하는 자를 온유함으로 훈계할지니 혹 하나님이 그들에게 회개함을 주사 진리를 알게 하실까하며
_디모데후서 2장 24 ~ 25절

믿음의 위인들이 들려주는 기도

어떤 이는 하나님께 자주 기도함이 성가심을 끼치는 줄로 생각합니다. 그러나 오히려 기도하지 않는 사람으로 인해 애태움을 받으십니다.
_ D. L. 무디

온유한 성품이 되게 하소서

사랑의 주님!

온유한 성품으로 주님의 영광을 나타내는 삶이 되기를 원하여 기도합니다.

건강한 육체와 정신으로 다른 사람을 배려하는 삶을 살아가게 하옵소서. 소유에 집착하지 않고 베푸는 것에 익숙한 삶을 살아가게 하시고, 남에게 군림하려는 태도를 버리고 남을 세워 주고 높여 주는 삶을 살아가게 하옵소서.

강한 자에게는 비굴함을 보이지 않으며, 약한 자에게는 거만함을 보이지 않는 삶을 살아가게 하옵소서. 저의 의견을 주장하되 지나침이 없게 하시고, 다른 사람의 의견도 수용하며 존중하는 삶을 살아가게 하옵소서.

남에게 생각 없는 말로 상처를 주는 일이 없게 하시고, 위로의 말로 상처를 싸매 주는 삶을 살아가게 하옵소서. 저의 지식과 경험을 과신하기보다 지혜의 근본이신 주님을 의뢰하는 지혜로운 삶을 살아가게 하옵소서.

예수 그리스도의 이름으로 기도합니다. 아멘

🌸 **분별의 지혜가 있기 위한 기도_**

마음에 새겨 놓는 약속의 말씀

지혜를 버리지 말라 그가 너를 보호하리라 그를 사랑하라 그가 너를 지키리라 지혜가 제일이니 지혜를 얻으라 네가 얻은 모든 것을 가지고 명철을 얻을지니라 그를 높이라 그리하면 그가 너를 높이 들리라 만일 그를 품으면 그가 너를 영화롭게 하리라

_잠언 4장 6 ~ 8절

믿음의 위인들이 들려주는 기도

계속 기도하십시오. 그리고 하나님의 응답이 당신이 기도한 것보다 더 지혜로움을 하나님께 감사하십시오.

_ 컬버스톤

분별의 지혜가 있게 하소서

사랑의 주님!

저에게 주님의 자녀로서 분별할 줄 아는 지혜가 있게 하옵소서. 참된 것과 거짓된 것을 분별할 줄 알며, 해야 할 것과 하지 말아야 할 것을 분별할 줄 아는 지혜가 있게 하옵소서.

가야 할 곳과 가지 말아야 할 곳을 분별할 줄 알며, 있어야 할 곳과 있지 말아야 할 곳을 분별할 줄 아는 지혜가 있게 하옵소서.

나서야 할 때와 나서지 말아야 할 때를 분별할 줄 알며, 피해야 할 것과 피하지 말아야 할 것을 분별할 줄 아는 지혜가 있게 하옵소서.

양보해야 할 것과 양보하지 말아야 할 것을 분별할 줄 알며, 고집할 것과 고집 피우지 말아야 할 것을 분별할 줄 아는 지혜가 있게 하옵소서.

닮아야 할 것과 버려야 할 것을 분별할 줄 알며, 본받아야 할 것과 본받지 말아야 할 것을 분별할 줄 아는 지혜가 있게 하옵소서.

이런 지혜로 주님께 영광 돌리며 그리스도인의 향기를 드러내는 주님의 자녀로 살게 하옵소서.

예수 그리스도의 이름으로 기도합니다. 아멘

 **건강할 때의 기도_**

마음에 새겨 놓는 약속의 말씀

그런즉 너희가 먹든지 마시든지 무엇을 하든지 다 하나님의 영광을 위하여 하라 유대인에게나 헬라인에게나 하나님의 교회에나 거치는 자가 되지 말고 나와 같이 모든 일에 모든 사람을 기쁘게 하여 자신의 유익을 구하지 아니하고 많은 사람의 유익을 구하여 그들로 구원을 받게 하라

_고린도전서 10장 31 ~ 33절

믿음의 위인들이 들려주는 기도

하나님은 기도로 모든 것을 하시며 기도를 떠나서는 아무것도 하지 않으십니다.

_ 요한 웨슬레

주님의 영광을 위하여 힘쓰게 하소서

사랑의 주님!

각종 사고와 질병이 끊이지 않는 세상에서 건강을 누릴 수 있게 하시니 감사합니다. 주님이 언제나 불꽃 같은 눈동자로 지켜 주시고 보호하여 주시기 때문임을 믿습니다.

주님! 아무 일 없고 건강할 때, 그것을 자랑하기보다 주님의 영광을 위하여 더욱 힘쓰며 살아가게 하옵소서. 육신의 낙이나 욕심을 위해, 주님이 주신 귀한 은총을 낭비하는 일이 없게 하시고 언제나 주님의 귀하신 뜻을 힘써 나타내며 살아가게 하옵소서. 연약함과 질병으로 고통받는 사람들에게 진정한 위로자의 역할을 감당해 나가도록 하시고, 외로움과 절망에 있는 사람들에게 담대한 용기와 희망을 심어 주는 역할을 감당해 나가게 하옵소서.

저의 인생은 저의 것이 아니라, 우리 주님께서 당신의 영광을 위해서 맡기신 것임을 기억합니다. 항상 선한 일에 힘쓰고 다른 사람의 유익을 구하는 데서 기쁨을 누리는 삶이 되게 하옵소서.

예수 그리스도의 이름으로 기도합니다. 아멘

 **신앙의 삶의 위한 기도_**

마음에 새겨 놓는 약속의 말씀

사람이 등불을 켜서 말 아래 두지 아니하고 등경 위에 두나니 이러므로 집 안 모든 사람에게 비치느니라 이같이 너희 빛이 사람 앞에 비치게 하여 그들로 너희 착한 행실을 보고 하늘에 계신 너희 아버지께 영광을 돌리게 하라

_마태복음 5장 15 ~ 16절

믿음의 위인들이 들려주는 기도

기도는 하나님의 자녀들이 그의 아버지 되시는 하나님과 친밀히 대화하는 것입니다.

_ 클레멘트

신앙의 삶이 되게 하소서

사랑의 주님!

저를 주님의 자녀로 택하여 주심을 감사합니다. 주님이 기뻐하시는 신앙의 삶이 되기 원하여 기도합니다. 항상 죄를 멀리하게 하시고, 부지중에라도 죄를 지으면 즉시 주님 앞에 회개하는 신앙의 삶이 되게 하옵소서.

저의 뜻보다 주님의 뜻 행하기를 즐거워하게 하시고, 저를 자랑하기보다 주님을 자랑하는 신앙의 삶이 되게 하옵소서.

생활 속에서 언제나 도우시는 구원의 주님을 만나며, 날마다 함께하시는 능력의 주님을 경험하는 신앙의 삶이 되게 하옵소서.

변함없이 주님의 교회를 찾으며 기뻐하게 하시고, 주님을 인하여 항상 기뻐하며 즐거워하는 신앙의 삶이 되게 하옵소서.

주님께 하듯 이웃을 섬기는 모습이 있게 하시고, 자신을 귀히 여기듯 다른 사람도 귀하게 여길 줄 아는 신앙의 삶이 되게 하옵소서.

예수 그리스도의 이름으로 기도합니다. 아멘

Healing prayers

Part 3
치유를 위한 기도문

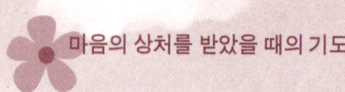 **마음의 상처를 받았을 때의 기도_**

마음에 새겨 놓는 축복의 말씀

여호와께서 예루살렘을 세우시며 이스라엘의 흩어진 자들을 모으시며 상심한 자들을 고치시며 그들의 상처를 싸매시는도다 그가 별들의 수효를 세시고 그것들을 다 이름대로 부르시는도다

_시편 147편 2 ~ 4절

믿음의 위인들이 들려주는 기도

기도 속에서 그대는 친구에게 말하듯 자연스럽게 가슴의 것들을 털어놓으십시오. 그 후에야 창조적이며 자유로운 하나님과의 성숙한 관계에 이르게 될 것입니다.

_ 콥번

밝은 빛으로 다스려 주소서

회복시키시는 주님!

마음의 상처 때문에 답답하고 괴로웠지만 주님께 기도할 수 있게 됨을 감사드립니다. 제 마음은 지금 말할 수 없는 실망감으로 가득 차 있습니다. 믿고 신뢰했던 사람으로부터 심한 상처를 입었기 때문입니다. 그러기에 제 마음이 더욱 아리고 괴롭고 분노심을 감출 수 없습니다. 그가 왜 그렇게 했는지 지금 상태로는 도무지 이해를 할 수 없습니다.

주님! 지금의 제 마음을 가장 잘 아시는 분은 주님일 거라는 생각이 들어 기도합니다. 이럴 때 저는 어떻게 해야만 하는지요. 상하고 어두운 제 마음을 주님의 밝은 빛으로 비추어 주옵소서. 이 죄인의 마음을 다스려 주시고 받은 상처와 충격을 주님의 보혈로 씻어 주옵소서.

주님! 자칫 주님을 원망하게 되는 것은 아닌지 두렵습니다. 제 생각과 정신을 주님의 밝은 빛으로 다스려 주옵소서. 하루빨리 이 악몽에서 벗어나고 싶습니다. 망각의 은혜를 더하여 주시고, 평안의 복을 내려 주옵소서. 주님만을 의지합니다.

예수 그리스도의 이름으로 기도합니다. 아멘

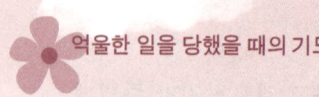 억울한 일을 당했을 때의 기도_

마음에 새겨 놓는 축복의 말씀

주여,
주께서 내 심령의 억울함을 풀어 주셨고
내 생명을 속량하셨나이다
여호와여 나의 억울함을 보셨사오니
나를 위하여 원통함을 풀어주옵소서
_예레미야애가 3장 58 ~ 59절

믿음의 위인들이 들려주는 기도

기도는 위기에 처한 우리가 해야 할
가장 진지하고 올바른 일입니다.
_ 바운즈

주님의 마음을 품게 하소서

위로의 주님!

마음이 힘들 때 주님을 찾을 수 있게 하시니 감사합니다. 저의 억울함을 풀어 주시고 위로와 평안을 주시는 분은 주님 한 분뿐이심을 믿기에 기도합니다. 공의롭고 자비하신 주님께 저의 억울함을 맡깁니다. 답답한 제 마음을 주님이 풀어 주옵소서.

어처구니없는 일을 당하고 보니 배신감, 좌절감, 허무감이 제 마음을 괴롭힙니다. 일이 손에 잡히지 않고 음식도 제대로 먹을 수 없습니다. 이해하려고 안간힘을 쓰고 있지만 믿음이 부족하여 분노심만 키우고 있습니다.

주님! 이 순간, 저도 너무나 이기적이고 인간적이란 것을 절감합니다. 이럴 때 저도 주님의 마음을 품을 수 있도록 은혜를 내려 주옵소서. 십자가의 사랑으로 인간의 모든 허물을 덮으신 주님의 마음을 본받을 수 있게 하옵소서. 이번 일로 인하여 제가 의지할 대상은 오직 주님 한 분뿐이심을 깨닫습니다. 이 죄인이 주님만을 온전히 바라보는 자로 새롭게 변화되는 계기가 되게 하옵소서.

예수 그리스도의 이름으로 기도합니다. 아멘

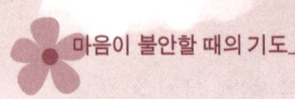 마음이 불안할 때의 기도_

마음에 새겨 놓는 축복의 말씀

내 영혼아 네가 어찌하여 낙심하며 내 속에서 불안해 하는가 너는 하나님께 소망을 두라 그가 나타나 도우심으로 말미암아 내가 여전히 찬송하리로다

_시편 42편 5절

믿음의 위인들이 들려주는 기도

기도하지 않아도 될 만큼 작은 짐은 없습니다. 그리고 너무 커서 기도해도 소용이 없는 문제는 없습니다.

_ 페트릭

불안의 늪에서 건지소서

전능하신 주님!

오늘도 저에게 생명과 호흡을 주시며 주님을 의지하는 삶을 살게 하심을 감사드립니다. 하지만 요즘 제 마음은 원인 모를 불안감에 휩싸여 꼭 무슨 일이 일어날 것만 같은 초조함에 떨고 있습니다.

이 불안감 때문에 외출하는 것도 겁이 나고, 운전대를 잡는 것도 겁이 납니다. 일하는 것도 겁이 나고, 사람을 만나는 것도 겁이 납니다. 누군가 저를 지켜보고 있는 것 같고 감시당하고 있는 것 같은 느낌을 떨쳐 버릴 수 없습니다.

"여호와의 이름은 견고한 망대라 의인은 그리로 달려가서 안전함을 얻느니라"(잠18:10)는 말씀대로 주님을 의지하오니 극도의 불안감에 시달리고 있는 저를 불쌍히 여겨 주옵소서. 주님의 간섭하심으로 제 영혼이 참된 평안과 안식을 누릴 수 있도록 은총을 허락하여 주옵소서. 평강의 주님이 저를 이 불안의 늪에서 건지실 것을 믿습니다. 주님을 간절히 기다리는 저를 평강에 평강으로 이끌어 주실 것을 믿습니다.

예수 그리스도의 이름으로 기도합니다. 아멘

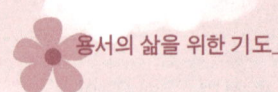 용서의 삶을 위한 기도_

마음에 새겨 놓는 축복의 말씀

너희가 사람의 잘못을 용서하면 너희 하늘 아버지께서도 너희 잘못을 용서하시려니와 너희가 사람의 잘못을 용서하지 아니하면 너희 아버지께서도 너희 잘못을 용서하지 아니하시리라

_마태복음 6장 14~ 15절

믿음의 위인들이 들려주는 기도

당신을 괴롭히고 모욕하는 사람을 위해 기도하세요. 하나님께서 당신에게 충분히 보상하시고 위로하실 것입니다.

_ 작자미상

용서하며 살게 하소서

 죄 많은 자들을 위하여 끝없는 용서의 기도를 올리신 주님! 그동안 제가 살아온 삶은 누구를 용서하기보다 미워했던 삶이었음을 솔직히 고백합니다. 이제 저도 이 땅을 살아가는 동안 주님을 본받아 용서하며 살아가는 삶이 되게 하옵소서.

 정말 미워할 수밖에 없는 사람일지라도 이 못난 죄인을 용서해 주신 주님의 사랑을 생각하며 용서를 실천하게 하시고, 한걸음 더 나아가 그를 위하여 기도하는 온유한 마음을 가지게 하옵소서.

 그러나 제 마음이 연약하여 용서를 실천하지 못하고 다시금 미움에 사로잡힐 수 있음을 깨닫습니다. 그때마다 저도 누군가에게 용서받아야 할 존재라는 것을 기억하며, 힘들더라도 용서의 삶을 실천해 나가는 데 마음을 다하게 하옵소서.

 또한, 누군가를 용서하는 것이 자만함이 되지 않도록 언제나 겸손으로 허리를 동이게 하시고, 용서의 본을 보이신 주님을 닮기 위하여 날마다 엎드려 기도하게 하옵소서.

 예수 그리스도의 이름으로 기도합니다. 아멘

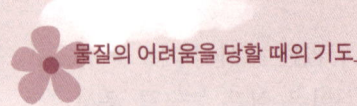

물질의 어려움을 당할 때의 기도

마음에 새겨 놓는 축복의 말씀

수고하고 무거운 짐 진 자들아 다 내게로 오라 내가 너희를 쉬게 하리라 나는 마음이 온유하고 겸손하니 나의 멍에를 메고 내게 배우라 그리하면 너희 마음이 쉼을 얻으리니 이는 내 멍에는 쉽고 내 짐은 가벼움이라 하시니라

_마태복음 11장 28 ~ 30절

믿음의 위인들이 들려주는 기도

하나님의 말씀에는 무려 7,000개의 약속이 담겨 있습니다. 하나님의 말씀이 뿌려진 곳에는 항상 약속이 이루어지는 수확이 있습니다.

_ 메릴린 히키

물질의 복을 더하소서

사랑이 풍성하신 주님!

우리 주님은 선하시고 자비로우셔서 구하는 자에게 필요한 것들을 공급해 주시는 분이심을 믿습니다. 주님은 지금 제 형편을 너무나 잘 알고 계시겠지요. 저는 지금 물질의 어려움을 겪고 있습니다. 저를 이 어려움에서 건져 주시고 구원하여 주옵소서. 수입은 적고, 나가는 것이 많다 보니 마음의 평안을 잃어버렸습니다. 매일매일 걱정만 쌓이고 근심에서 자유롭지 못한 생활을 하고 있습니다. 나름대로 최선을 다하고 있는데도 물질로 인한 고통은 수렁에 빠진 듯 끝없이 반복되고 있습니다.

주님! 너무나 연약한 저를 불쌍히 여겨 주옵소서. 제 영혼이 깊은 시름에 잠기지 않도록 물질의 복을 더하여 주옵소서. 불평과 원망만 쏟아내는 환경이 되지 않도록 저의 삶을 주장하여 주옵소서. 우리 주님은 당신의 사랑하는 자녀들의 영혼이 잘되고, 범사가 잘되고, 강건하기를 바라고 계시는 줄 믿습니다(요삼 2). 곤경에 빠진 저에게 회복의 은혜를 더하여 주옵소서. 선한 목자이신 예수 그리스도의 이름으로 기도합니다. 아멘

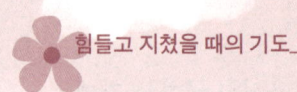
힘들고 지쳤을 때의 기도_

마음에 새겨 놓는 축복의 말씀

나의 힘이 되신 여호와여 내가 주를 사랑하나이다 여호와는 나의 반석이시요 나의 요새시요 나를 건지시는 이시요 나의 하나님이시요 내가 그 안에 피할 나의 바위시요 나의 방패시요 나의 구원의 뿔이시요 나의 산성이시로다

_시편 18편 1 ~ 2절

믿음의 위인들이 들려주는 기도

10년을 염려하는 것보다 차라리 10분간 기도하는 편이 훨씬 좋습니다.

_ 찰스 스펄전

크신 팔로 감싸 안으소서

힘과 능력이 되시는 주님!

힘들고 지친 가운데서도 주님을 바라보며 기도할 수 있게 하시니 감사합니다.

주님! 저는 지금 많이 지쳐 있습니다. 사방을 둘러보아도 홀로 광야의 길을 걷고 있는 것처럼 힘들고 외로운 처지에 놓여 있습니다. 지금 저에게는 가족도, 친구도 아무런 도움이 되지 않습니다. 이 세상에서 제가 기댈 수 있는 곳은 오직 주님 품밖에 없음을 깨닫습니다.

주님! 세상 끝날까지 너희와 항상 함께 있겠다고 약속하신 주님을 의지합니다(마28:20). 힘들고 지쳐 있는 제 마음을 붙들어 주옵소서. 갈 길 몰라 방황하는 이 영혼을 주님의 크신 팔로 감싸 안아 주옵소서. 주님의 품에서 진정한 위로와 평안을 얻을 수 있게 하옵소서.

주님이 이끄시면 지금 제 삶을 덮고 있는 온갖 먹구름이 물러가고 밝은 빛이 비치는 새날이 올 것을 확신합니다. 그날이 언제일지는 몰라도 끝까지 능력의 주님을 바라보며 소망하게 하옵소서.

예수 그리스도의 이름으로 기도합니다. 아멘

 환경의 어려움이 찾아왔을 때의 기도_

마음에 새겨 놓는 축복의 말씀

사람이 감당할 시험 밖에는 너희가 당한 것이 없나니 오직 하나님은 미쁘사 너희가 감당하지 못할 시험 당함을 허락하지 아니하시고 시험 당할 즈음에 또한 피할 길을 내사 너희로 능히 감당하게 하시느니라

_고린도전서 10장 13절

믿음의 위인들이 들려주는 기도

기도는 만능의 갑옷이요, 값이 떨어지지 않는 보물이요, 고갈되지 않는 광산이며 구름으로도 흐려지지 않는 하늘입니다. 이것은 뿌리요, 지반이요, 한량없는 축복의 어머니입니다.

_ 크리소스톰

믿음이 성장할 수 있게 하소서

사랑의 주님!

저에게 어려운 일이 생겼습니다. 그러나 이 어려움 때문에 주님의 이름을 부르며 기도할 수 있게 하시니 감사합니다.

주님! 어려움을 당할 때 믿음으로 해결하는 것을 잘 몰라 기도하니 크신 은총으로 함께하여 주옵소서. "하나님을 사랑하는 자 곧 그 뜻대로 부르심을 입은 자들에게는 모든 것이 합력하여 선을 이루느니라" (롬8:28)는 주님의 말씀을 의지합니다.

때가 되면 어려움 속에 숨겨진 주님의 섭리를 깨닫게 하실 것을 믿습니다. 고통 속에 숨겨진 주님의 보화를 발견하게 하실 것도 믿습니다. 부정적이거나 파괴적인 생각이 들지 않도록 저의 생각과 마음을 주님의 지혜로 주관하여 주옵소서.

주님! 지금은 어렵지만 이 어려움이 제 믿음이 성장하게 되는 계기가 될 것을 믿습니다. 잘 견디게 하시고 더 간절히 하나님을 찾아 어려움 중에도 기뻐하며 즐거워할 수 있는 비결을 배우게 하옵소서. 날마다 주님을 기대합니다.

예수 그리스도의 이름으로 기도합니다. 아멘

환경의 어려움이 깊어질 때의 기도_

마음에 새겨 놓는 축복의 말씀

하나님이여 사슴이 시냇물을 찾기에 갈급함 같이 내 영혼이 주를 찾기에 갈급하니이다. 내 영혼이 하나님 곧 살아계시는 하나님을 갈망하오니 어느 때에 나아가서 하나님의 얼굴을 뵈올까 사람들이 종일 내게 하는 말이 네 하나님이 어디 있느뇨 하오니 내 눈물이 주야로 내 음식이 되었도다

_시편 42편 1 ~ 3절

믿음의 위인들이 들려주는 기도

종종 하나님께서는 우리를 보다 나은 존재로 만드시기 위해 시련을 도구로 이용하시기도 합니다.

_ 비처

속히 구원하소서

능력의 주님!
깊어지는 어려움 속에서도 주님께 기도할 수 있는 마음을 주심을 감사합니다.

주님! 지금 저는 너무나 지쳐 있고 고통스럽고 괴롭습니다. 하루하루를 가까스로 버티며 살고 있습니다. 이래서 사람이 스스로 생명을 버리기도 하는구나 하는 생각도 듭니다.

주님! 이젠 더 이상 버틸 힘도 없습니다. 그동안 주님께 이 어려움을 놓고 수없이 도움의 기도를 드렸는데, 여전히 옥죄어 오는 어려움 앞에서 저의 약한 신앙도 무너져 가고 있습니다.

주님! 시험당할 즈음에 피할 길도 주신다고 하셨으니(고전10:13) 연약한 저를 불쌍히 여기셔서, 사망의 음침한 골짜기를 헤매는 저를 속히 구원하여 주옵소서. 주님만이 저의 진정한 구원자이심을 노래할 수 있는 은총을 허락하여 주옵소서. 힘을 다하여 주님을 갈망합니다. 간절한 마음으로 주님께 부르짖습니다. 도와주시옵소서.

예수 그리스도의 이름으로 기도합니다. 아멘

외로움이 밀려올 때의 기도_

마음에 새겨 놓는 축복의 말씀

내가 주의 영을 떠나 어디로 가며 주의 앞에서 어디로 피하리이까 내가 하늘에 올라갈지라도 거기 계시며 스올에 내 자리를 펼지라도 거기 계시니이다 내가 새벽날개를 치며 바다 끝에 가서 거주할지라도 거기서도 주의 손이 나를 인도하시며 주의 오른손이 나를 붙드시리이다

_시편 139편 7 ~ 10절

믿음의 위인들이 들려주는 기도

하나님은 능숙하게 기도하는 것보다 진실하고 솔직한 기도를 들으십니다.

_ 조지 뮬러

어두운 마음을 만져 주소서

사랑의 주님!
언제나 저와 함께하시고 붙들어 주시는 주님이심을 믿고 있지만, 외로움을 이기지 못하여 주님께 기도합니다. 믿음이 연약한 저를 나무라지 마시고 불쌍히 여겨 주옵소서.

주님! 제 눈물을 아시지요. 제가 겪고 있는 이 외로움의 고통을 아시지요. 제게는 하루하루의 삶이 언제나 두려움으로 다가오고 있습니다. 성경을 읽으면서 외로움을 떨쳐보려고 했지만, 이해하기가 어려워 답답함만 더할 뿐이었습니다. 친구들을 만나보기도 했지만 대화를 나누면서 열등감만 가중될 뿐 외로움을 벗을 길이 없었습니다.

주님! 외로움의 자리에서 속히 벗어나고 싶습니다. 주님은 동정을 베푸시고, 함께 느끼시며 공감하시는 분이심을 믿습니다. 지금 제게로 가까이 다가오시는 주님을 느끼고 싶사오니 저의 떨리는 손을 잡아 주시고 어두운 마음을 만져 주옵소서. 외로움의 늪에서 벗어나 기쁨으로 가득찬 삶이 되게 도와주옵소서. 주님만을 바라봅니다.

예수 그리스도의 이름으로 기도합니다. 아멘

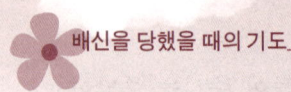 **배신을 당했을 때의 기도_**

마음에 새겨 놓는 축복의 말씀

사람을 의지하지 말며 도울 힘이 없는 인생도 의지하지 말지니 그의 호흡이 끊어지면 흙으로 돌아가서 그 날에 그의 생각이 소멸하리로다 야곱의 하나님을 자기의 도움으로 삼으며 여호와 자기 하나님에게 자기의 소망을 두는 자는 복이 있도다
_시편 146편 3 ~ 5절

믿음의 위인들이 들려주는 기도

기도는 내 영혼의 방패요, 기도는 하나님께 드리는 제물이요, 기도는 사탄을 향해 휘두르는 채찍입니다.
_ 존 번연

멍든 마음을 어루만지소서

상한 마음을 위로하시는 주님!
마음의 상처로 인하여 주님께 기도할 수 있게 하시니 감사합니다.

주님! 지금 저는 말할 수 없는 분노와 실망감으로 가득 차 있습니다. 믿었던 사람인데, 아끼고 사랑했던 사람인데, 그 사람이 저를 배신했습니다. 그러기에 제 마음이 더욱 괴롭고 그가 왜 그래야만 했는지 도무지 이해가 되질 않습니다.

주님! 이럴 땐 어떻게 해야만 하나요? 그를 생각하면 온몸이 부들부들 떨립니다. 그에게 욕을 하고 복수하고픈 마음이 파도처럼 일어나고 있습니다.

주님! 이 죄인을 불쌍히 여기셔서 주님의 치유의 손으로 함께하여 주옵소서. 격한 감정에 사로잡힌 이 죄인을 다스려 주시고, 멍든 마음을 어루만져 주옵소서.

주님! 용서하는 것이 어렵겠지만 할 수만 있으면 그를 용서하고 싶습니다. 그를 품을 수 있는 방법을 가르쳐 주옵소서. 하루빨리 이 악몽에서 벗어나고 싶습니다.

예수 그리스도의 이름으로 기도합니다. 아멘

안 좋은 일이 반복될 때의 기도_

마음에 새겨 놓는 축복의 말씀

내가 여호와를 기다리고 기다렸더니
귀를 기울이사 나의 부르짖음을 들으셨도다
나를 기가 막힐 웅덩이와 수렁에서 끌어올리시고
내 발을 반석 위에 두사
내 걸음을 견고하게 하셨도다
_시편 40편 1 ~ 2절

믿음의 위인들이 들려주는 기도

위험을 피하기 위해 기도하지 말고 그 위험을 두려움 없이 맞설 수 있도록 기도하십시오.

_ 라빈드라나스 타골

생명의 빛을 비추소서

인생을 섭리하시는 주님!

주님을 믿는 믿음이 세상을 이기는 힘이요 능력이 됨을 믿습니다. 어렵고 힘들 때 주님께 기도할 수 있게 하시니 감사합니다.

주님! 제게 속상한 일들이 계속 일어나고 있습니다. 왜 이렇게 마음을 괴롭히는 일들이 반복되는지 모르겠습니다. 한 가지 문제가 해결되면 기다렸다는 듯이 또 다른 문제가 꼬리를 물고 있습니다. 아침이 되는 것이 불안할 정도입니다.

주님! "애통하는 자는 복이 있나니 그들이 위로를 받을 것이라" (마5:4)는 주님의 말씀을 의지하오니 불쌍히 여기시서 저를 돌아보시옵소서. 지금 저는 교회 다니는 기쁨도 사라져 버렸고 모든 것이 귀찮고 지긋지긋하기만 합니다. 삶에 지쳐 흐느적거리는 이 죄인을 용서하여 주옵소서.

제게 구원의 빛, 생명의 빛을 비추시옵소서. 주님이 인도하시는 새날을 보게 하시고, 소망의 주님을 바라보며 살 수 있게 하옵소서. 헤아리시는 주님을 간절히 기다립니다.

예수 그리스도의 이름으로 기도합니다. 아멘

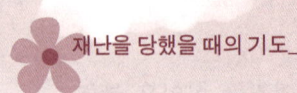 재난을 당했을 때의 기도_

마음에 새겨 놓는 약속의 말씀

상한 갈대를 꺾지 아니하며 꺼져가는 등불을 끄지 아니하고 진실로 정의를 시행할 것이며 그는 쇠하지 아니하며 낙담하지 아니하고 세상에 정의를 세우기에 이르리니 섬들이 그 교훈을 앙망하리라
_이사야 42장 3 ~ 4절

믿음의 위인들이 들려주는 기도

세상의 어떤 남자나 여자에게 하나님께서 가장 좋은 재능을 주셨다면 그것은 바로 기도하는 재능입니다.

_ 알렉산더 화이트

믿음으로 이겨내게 하소서

　세상의 주인이 되시는 주님!
　제가 뜻하지 않은 갑작스런 재난을 당했습니다. 충격이 크지만 주님께 기도할 수 있는 마음을 주시니 감사합니다. 저의 아픈 마음을 받아 주옵소서.
　주님! 이번 일 때문에 제가 절망하지 않도록 잡아 주옵소서. 속상한 감정을 이겨내지 못하여 마음이 무너질 때마다 위로하시는 주님이 저를 찾아 주실 것을 믿습니다. 사방에서 저를 욱여싼다 하더라도 두렵지 않게 해 주시고, 답답한 일이 마음을 더욱 짓누를지라도 결코 낙심치 않게 하여 주옵소서.
　주님! 이번 재난을 믿음으로 이겨낼 수 있기를 원합니다. 아직 연약한 믿음이지만, 반드시 회복하게 하시는 주님이심을 믿으며 끝까지 주님을 바라보며 의지하게 하옵소서. 이번 일로 말미암아 귀로만 듣던 하나님을 직접 눈으로 보게 되는 은혜를 체험하게 하실 것을 믿습니다(욥42:5). 입술의 찬양이 아닌 마음의 찬양을 드릴 수 있는 믿음의 사람으로 빚으실 것을 믿습니다.
　예수 그리스도의 이름으로 기도합니다. 아멘

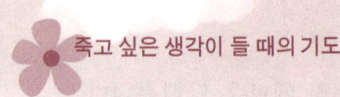

죽고 싶은 생각이 들 때의 기도_

마음에 새겨 놓는 약속의 말씀

평안을 너희에게 끼치노니 곧 나의 평안을 너희에게 주노라 내가 너희에게 주는 것은 세상이 주는 것과 같지 아니하니라 너희는 마음에 근심하지도 말고 두려워하지도 말라

_요한복음 14장 27절

믿음의 위인들이 들려주는 기도

기도는 하나님과 내가 그리스도로 말미암아 만날 수 있는 유일한 길이며, 하늘의 기쁨을 지상에 끌어내릴 수 있는 유일한 통로입니다.

_ 작자 미상

산 소망을 심어 주소서

생명을 주관하시는 주님!

제 마음이 몹시 무겁고 슬픈 상태에서 주님께 기도합니다. 솔직히 기도하고 싶은 마음도 없지만 제 속에 미미하게 남아 있는 얄팍한 신앙심이 그나마 주님의 이름을 부르게 합니다.

주님! 아시지요. 죽고 싶은 마음이 간절할 정도로 제 삶의 무게가 너무 무겁고 감당하기가 어렵다는 것을요. 정말이지 지금으로서는 이렇게 힘겹고 구차한 삶을 사느니 죽는 게 낫다는 생각밖에 들지 않습니다. 운전을 하면서도 핸들을 꺾어 버리고 싶을 때가 한두 번이 아니었습니다. 주님! 마음이 강퍅해지고 은혜가 사라진 이 죄인을 돌아보시옵소서. 삶의 의욕을 잃어버린 채 부정적이고 파괴적인 생각에 사로잡혀 있는 이 죄인을 불쌍히 여기시옵소서. 이제라도 영혼까지 파괴시키는 이 괴로움에서 벗어나고 싶습니다. 상하고 그늘진 제 마음에 밝은 빛을 비춰 주시고 산 소망을 심어 주옵소서. 죽음의 언덕인 골고다를 생명의 언덕으로 바꾸셨던 주님을 간절히 만나기를 원합니다.

예수 그리스도의 이름으로 기도합니다. 아멘

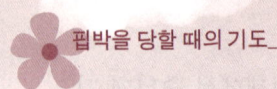 핍박을 당할 때의 기도_

마음에 새겨 놓는 약속의 말씀

의를 위하여 박해를 받는 자는 복이 있나니 천국이 그들의 것임이라 나로 말미암아 너희를 욕하고 박해하고 거짓으로 너희를 거슬러 모든 악한 말을 할 때에는 너희에게 복이 있나니 기뻐하고 즐거워하라 하늘에서 너희 상이 큼이라 너희 전에 있던 선지자들도 이같이 박해하였느니라
_마태복음 5장 10 ~ 12절

믿음의 위인들이 들려주는 기도

우리에게 필요한 것은 하나님의 긍휼이며 우리가 가져야 할 것은 하나님의 은혜입니다.
_ 작자 미상

주님만을 바라보게 하소서

자비로우신 주님!

주님! 제가 교회를 다닌다는 이유로 핍박을 받고 있습니다. 교회를 다닌다고 이렇게까지 핍박할 줄은 몰랐습니다. 너무나 괴로워 때로는 적당히 타협하고도 싶지만, 한번 틈을 보이기 시작하면 저의 연약한 믿음이 일순간에 무너질 수도 있기에, 어떤 이유로든 타협하지 않으려고 안간힘을 쓰고 있습니다.

하지만 핍박이 강해질수록 저의 믿음도 흔들리오니 저에게 용기와 힘을 더하여 주옵소서. 핍박을 잘 견딜 수 있도록 담대함을 더하여 주시고, 믿음의 주요 온전하게 하시는 이인 주님만을 바라볼 수 있게 하옵소서(히12:2).

주님! 저를 핍박하는 영혼들을 위해서도 기도합니다. 그들을 불쌍히 여겨 주옵소서. 자신들이 하고 있는 일이 얼마나 큰 죄인지를 깨닫게 하시고, 회개하며 주님 앞으로 돌아올 수 있게 하옵소서. 영적인 눈을 뜨게 하셔서 주님의 구원하심을 볼 수 있게 하옵소서. 화가 변하여 복이 되게 하시는 예수 그리스도의 이름으로 기도합니다. 아멘

심한 피로감에 시달리고 있을 때의 기도_

마음에 새겨 놓는 약속의 말씀

오직 여호와를 앙망하는 자는 새 힘을 얻으리니 독수리가 날개치며 올라감 같을 것이요 달음박질 하여도 곤비하지 아니하겠고 걸어가도 피곤하지 아니하리로다
_이사야 40장 31절

믿음의 위인들이 들려주는 기도

하나님께서 독생자 예수 그리스도를 우리를 위해서 죽게 하시기까지 우리를 사랑하셨다면 그는 우리의 기도를 응답하셔서 우리의 모든 필요한 것을 채워 주실 만큼 우리를 사랑하십니다.
_ 존 하이스

생기를 불어넣어 주소서

사랑의 주님!

저는 지금 심한 피로감에 시달리고 있습니다. 자고 또 자도 피로하기만 하고, 쉬고 또 쉬어도 피로가 풀리지 않고 있습니다. 몸이 천근만근 내려앉는 것 같고 모든 것이 다 귀찮습니다.

주님! 저를 기억하사 심한 피로감에서 벗어날 수 있도록 은총을 베풀어 주옵소서. 제 육체와 정신에 하나님의 생기를 불어넣어 주셔서 독수리 날개치듯 올라가는 삶을 살게 하여 주옵소서.

제가 만성피로에 시달려서 일상생활과 신앙생활에 어려움을 겪는 일이 없기를 기도합니다. 건강한 생각과 건강한 정신과 건강한 육체로 주님이 기뻐하시는 삶을 살아가는 데 마음을 다할 수 있도록 도와주옵소서. 제 영혼을 만져 주시고 새롭게 하여 주시는 주님이심을 믿습니다. 일할 수 있을 때에 힘써서 일할 수 있도록 의욕과 활력을 불어넣어 주시는 주님이심을 믿습니다. 영혼이 잘되고 범사가 잘되고 강건하게 되도록 이끌어 주시는 주님이심을 믿습니다. 마음을 헤아리시는 예수 그리스도의 이름으로 기도합니다. 아멘

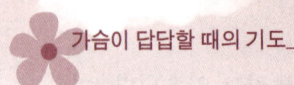
가슴이 답답할 때의 기도_

마음에 새겨 놓는 약속의 말씀

우리가 이 보배를 질그릇에 가졌으니 이는 심히 큰 능력은 하나님께 있고 우리에게 있지 아니함을 알게 하려 함이라 우리가 사방으로 우겨쌈을 당하여도 싸이지 아니하며 답답한 일을 당하여도 낙심하지 아니하며 박해를 받아도 버린 바 되지 아니하며 거꾸러뜨림을 당하여도 망하지 아니하고…

_고린도후서 4장 7 ~ 9절

믿음의 위인들이 들려주는 기도

우리 아버지, 이 말은 아버지께서 나를 돕기 위해 모든 무한한 지혜와 인내와 사랑을 내게 쏟으신다는 것을 의미합니다.

_ 앤드류 머피

생수로 씻어 주소서

구원의 빛이신 주님!

제 형편을 살피시고 헤아려 주옵소서. 가슴이 답답하여 견딜 수 없습니다. 숨을 길게 내쉬고 또 들이쉬어도 가슴의 답답함은 가시질 않습니다.

주님! 오래도록 묵혀진 제 인생의 짐이 가슴속에 얹혀 있나 봅니다. 물을 들이켜도 소용이 없고 약을 먹어도 나아지지 않습니다. 가슴을 두들기면 좀 나아질까 싶어 멍이 들 정도로 두들겨 보기도 했지만 아무런 소용이 없습니다. 지금 이 순간도 숨이 멈춰버릴 것만 같습니다.

주님! 쉽게 풀어지지 않는 가슴의 답답함을 고쳐 주옵소서. 우리 주님은 아시오니 속 시원한 주님의 은총을 경험하도록 인도하여 주옵소서. 가슴속에 덕지덕지 붙어 있는 숱한 문제들을 주님의 생수로 씻어 주시고 풀어 주옵소서. 한숨이 변하여 기도가 되고, 답답함이 변하여 찬송이 되게 하옵소서. 주님의 도우심을 간절히 원하는 저의 영혼을 구원의 밝은 빛으로 인도하실 것을 믿습니다.

예수 그리스도의 이름으로 기도합니다. 아멘

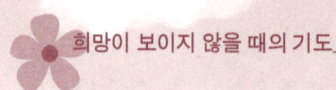 희망이 보이지 않을 때의 기도_

마음에 새겨 놓는 약속의 말씀

수고하고 무거운 짐 진 자들아 다 내게로 오라 내가 너희를 쉬게 하리라 나는 마음이 온유하고 겸손하니 내게 배우라 그리하면 너희 마음이 쉼을 얻으리니 이는 내 멍에는 쉽고 내 짐은 가벼움이라 하시니라

_마태복음 11장 28 ~ 30절

믿음의 위인들이 들려주는 기도

만일 하나님의 긍휼과 은혜가 없다면 우리의 삶과 노력은 완전히 끝날 것입니다. 하나님의 긍휼과 은혜는 기도를 통해서만 우리가 얻을 수 있는 것입니다.

_ 작자 미상

제 삶을 어루만져 주소서

사랑의 주님!

길이 전혀 보이지 않는 것 같습니다. '오늘은 나아지겠지.' 희망을 갖지만, 전혀 달라진 것이 없는 제 모습에 여전히 긴 한숨만 여운으로 남습니다. 저는 이렇게 하루하루 사는 것이 기적같이 느껴질 뿐입니다. 아니, 기적이라고 믿고 싶습니다.

주님! 저에게 믿음의 색깔이라고는 전혀 없고 불신앙적인 모습만 있더라도, 삶의 무게를 끌어안고 몸부림쳐야 하는 연약한 죄인임을 보시고 불쌍히 여겨 주옵소서. 사람들은 저를 비난할지 몰라도, 주님은 감싸 안아 주시고 위로하여 주옵소서.

이럴 때일수록 제 삶을 어루만져 주시는 주님의 손길을 강하게 느끼고 싶습니다. 주님의 품 안에 오래도록 안기고 싶습니다. 언제까지 버틸 수 있을지 모르겠지만, 견디다 못하여 쓰러질 때, 믿음 없는 제 모습을 나무라지 마시고, 그때마다 저의 연약한 손을 잡아 주시고 일으켜 주옵소서. 언젠가는 감사의 기도만 하늘 창고 가득히 쌓을 수 있는 날이 올 것을 분명히 믿습니다.

예수 그리스도의 이름으로 기도합니다. 아멘

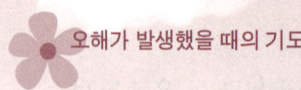 오해가 발생했을 때의 기도_

마음에 새겨 놓는 약속의 말씀

네가 너를 고발하는 자와 함께 법관에게 갈 때에 길에서 화해하기를 힘쓰라 그가 너를 재판장에게 끌어가고 재판장이 너를 옥졸에게 넘겨주어 옥졸이 옥에 가둘까 염려하라

_누가복음 12장 58절

믿음의 위인들이 들려주는 기도

하나님은 더 많은 인내와 더 많은 경험과 더 많은 사랑과 소망을 주시기 위해 우리를 '기도' 라는 응접실로 초대하십니다.

_ 세실

하늘의 지혜를 주소서

사랑의 주님!

상대방과의 오해를 어떻게 풀어야 할지 몰라 주님께 기도합니다. 정말 이게 아닌데, 왜 이런 오해가 생겼는지 도무지 납득이 가지 않습니다. 생각하면 할수록 속상하고 가슴이 터질 것만 같습니다. 일이 손에 잡히지도 않고 잠도 제대로 잘 수 없습니다. 주님! 이 오해를 어떻게 풀어야만 서로 간에 맺힌 앙금을 털어버릴 수 있을까요. 제가 지금 무슨 말을 해도 상대방은 들으려고도, 인정하려고도 않을 것입니다. 시간의 흐름에 맡기고 그냥 이 상태로 지내는 게 현명한 것 아닌가 싶기도 합니다. 그러나 주님! 그렇게 하면 서로의 마음만 다치고 감정의 골만 깊어지는 것이기에 빨리 오해를 풀고 싶습니다. 그것이 서로를 위해서도, 저의 신앙을 위해서도, 주님의 영광을 위해서도 옳은 것이란 생각이 듭니다. 저에게 하늘의 지혜를 주옵소서. 감정에 휘둘리지 않도록 성령님이 저의 마음을 다스려 주옵소서. 오해가 풀려서 무너진 신뢰와 우정이 다시 회복될 수 있도록 도와주옵소서.

예수 그리스도의 이름으로 기도합니다. 아멘

잘못된 습관을 고치고 싶을 때의 기도_

마음에 새겨 놓는 약속의 말씀

우리에게 있는 대제사장은 우리의 연약함을 동정하지 못하실 이가 아니요 모든 일에 우리와 똑같이 시험을 받으신 이로되 죄는 없으시니라 그러므로 우리는 긍휼하심을 받고 때를 따라 돕는 은혜를 얻기 위하여 은혜의 보좌 앞에 담대히 나아갈 것이니라

_히브리서 4장 15 ~ 16절

믿음의 위인들이 들려주는 기도

무력해지며 둔해지는 영혼을 고칠 수 있는 방법은 끊임없이 기도하는 것뿐입니다.

_ 요한 웨슬레

의지의 한계를 뛰어넘게 하소서

사랑의 주님!

주님 앞에 분명히 죄가 되는 줄 알면서도 아직도 저는 잘못된 습관에서 벗어나지 못하고 있습니다. 고쳐 보리라 날마다 결심하고 다짐하지만, 하루도 못가서 나약한 제 의지를 앞세워 무릎을 꿇기만 반복하고 있습니다. 제가 이렇게 나약하고 바보스럽고 미련한 줄 몰랐습니다. 이런 저를 속아 주시며 끝까지 기다려 주시는 주님의 사랑을 생각할 때 너무나 부끄럽습니다.

주님! 주님을 섬기기에 너무나 무가치하고 무자격한 이 죄인을 용서하여 주옵소서. 신앙은 결단이라고 했는데, 결단할 의지마저 꺾인 이 죄인을 불쌍히 여겨 주옵소서.

주님! 주님의 자녀답게 믿음으로 살고 싶습니다. 주님이 기뻐하시는 신앙의 사람으로 성장하고 싶습니다. 저를 아는 모든 사람들에게 제가 주님을 믿는 신앙의 사람임을 확실하게 보이고 싶습니다. 연약한 의지의 한계를 뛰어넘을 수 있도록 이 죄인을 변화시켜 주옵소서.

예수 그리스도의 이름으로 기도합니다. 아멘

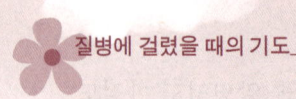

질병에 걸렸을 때의 기도_

마음에 새겨 놓는 약속의 말씀

여호와여 나의 기도를 들으시며 나의 부르짖음에 귀를 기울이소서 내가 눈물 흘릴 때에 잠잠하지 마옵소서 나는 주와 함께 있는 나그네이며 나의 모든 조상들처럼 떠도나이다 주는 나를 용서하사 내가 떠나 없어지기 전에 나의 건강을 회복시키소서

_시편 39편 12 ~ 13절

믿음의 위인들이 들려주는 기도

기도는 하나님께로부터 새 힘을 부여받을 수 있는 인간 최선의 길입니다.

_ 작자 미상

승리하게 하소서

사랑의 주님!

제게 뜻하지 않은 질병이 찾아왔습니다. 몸에 쉽게 치료되지 않는 질병이 있다는 것은 저에게 두려움을 줍니다. 하지만 질병 때문에 진실한 마음으로 주님을 의뢰할 수 있게 되니 감사합니다.

주님! 제가 이 질병 때문에 낙심하거나 절망하지 않도록 도와주옵소서. 오히려 이 질병을 주님을 가까이할 수 있는 기회로 삼을 수 있게 하옵소서. 또한 이 질병을 통하여 그동안 들을 수 없었던 주님의 음성을 들을 수 있게 하시고, 그동안 깨닫지 못했던 주님의 사랑을 뼛속 깊이 깨닫는 계기가 될 수 있게 하옵소서.

주님! 제가 의뢰하는 주님은 합력하여 선을 이루시는 분이심을 믿습니다. 화가 변하여 복이 되게 하시고, 슬픔이 변하여 기쁨이 되게 하시는 분이심을 믿습니다. 제 생명의 주권이 주님께 있음을 고백하오니 더욱 감사할 수 있는 길로 이끄시옵소서. 제 병든 몸을 온전히 주께 맡기니 이 질병으로부터 승리할 수 있는 은총을 더하여 주옵소서.

예수 그리스도의 이름으로 기도합니다. 아멘

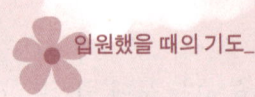
입원했을 때의 기도_

마음에 새겨 놓는 약속의 말씀

믿는 자들에게는 이런 표적이 따르리니 곧 그들이 내 이름으로 귀신을 쫓아내며 새 방언을 말하며 뱀을 집어 올리며 무슨 독을 마실지라도 해를 받지 아니하며 병든 사람에게 손을 얹은즉 나으리라
_마가복음 16장 17 ~ 18절

믿음의 위인들이 들려주는 기도

믿음의 기도만이 우주에서 전능하신 여호와를 움직일 수 있는 능력이다. 기도는 최상의 치료제입니다.

_ 로버트 홀

더러운 병균을 태워 주소서

사랑의 주님!

몸이 아파 병원에 입원하게 되었습니다. 연약한 자를 긍휼히 여기시고 품어 주시는 주님이심을 믿고 기도합니다. 약한 자리에서도 제 마음을 붙들어 주셔서 실족하지 않고 주님을 바라볼 수 있게 하시니 감사합니다.

주님! "나는 너희를 치료하는 여호와임이니라"(출 15:26)는 말씀을 의지하여 간구하오니 제가 질병 때문에 병상을 오래도록 의지하지 않도록 도우시옵소서. 전과 같이 건강한 몸으로 주님을 섬기며 교회에 나갈 수 있도록 은총을 베풀어 주옵소서.

주님! 우리 주님은 상한 갈대를 꺾지 않으시고 꺼져가는 심지를 끄지 않으시는 주님이심을 믿습니다(사42:3). 능력의 주님이 치료의 광선을 비춰 주셔서 저의 몸속에 있는 더러운 병균을 태워주실 것을 분명히 믿습니다.

병상에서 말씀을 읽을 때마다 주님의 음성을 들을 수 있게 하시고, 숨죽여 기도할 때마다 회복시키시는 주님의 사랑을 만날 수 있게 하옵소서.

예수 그리스도의 이름으로 기도합니다. 아멘

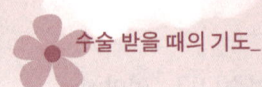 수술 받을 때의 기도_

마음에 새겨 놓는 약속의 말씀

　　내 이름을 경외하는 너희에게는
　　공의로운 해가 떠올라서
　　치료하는 광선을 비추리니
　　너희가 나가서 외양간에서 나온
　　송아지 같이 뛰리라
　　_말라기 4장 2절

믿음의 위인들이 들려주는 기도

　　하나님의 일은 인간이 완전히 포기하거나 절망했을 때부터 시작됩니다.
　　_작자미상

수술이 잘되게 하여 주소서

사랑의 주님!

오늘 제가 수술을 받습니다. 수술대에 오른다고 하니 두려운 마음이 앞섭니다. 떨리는 제 손을 잡아 주시고, 불안한 제 마음에 평안을 더하여 주옵소서. 주님의 오른손으로 저를 붙드시고 불꽃 같은 눈동자로 저를 지켜 주옵소서.

주님! 요즘 의료사고도 많은데 의사의 순간 실수로 제게 돌이킬 수 없는 아픔이 주어지지 않기를 원합니다. 수술을 집도하는 의사의 손길을 붙드시고, 지혜와 인술의 능력을 더하여 주옵소서. 수술받는 환자의 생명이 자신의 손끝에 달려 있음을 잊지 말게 하시고, 최선을 다하여 수술에 임할 수 있도록 체력과 집중력을 더하여 주옵소서.

주님! 좋은 결과를 기다립니다. 수술이 잘되게 하여 주시고, 우리 주님께 말로 다 할 수 없는 감사의 고백을 드릴 수 있게 하옵소서. 이제는 더 이상 이 질병으로 고통받지 않기를 원합니다. 건강한 육체와 온전한 정신으로 주님을 잘 섬길 수 있도록 축복하옵소서.

예수 그리스도의 이름으로 기도합니다. 아멘

prayers for the family

Part 4

가정생활을 위한 기도문

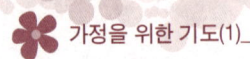 가정을 위한 기도(1)_

마음에 새겨 놓는 약속의 말씀

만일 너희 믿음의 제물과 섬김 위에 내가 나를 전제로 드릴지라도 나는 기뻐하고 너희 무리와 함께 기뻐하리니 이와 같이 너희도 기뻐하고 나와 함께 기뻐하라

_빌립보서 2장 17 ~ 18절

믿음의 위인들이 들려주는 기도

설교는 설교자만이 할 수 있습니다. 그러나 기도는 예수님을 믿는 사람이라면 어느 누구라도 할 수 있습니다.

_ 딕 이스트만

기쁨의 가정이 되게 하소서

은혜의 주님!

우리 주님은 참 기쁨의 근원이 되심을 믿습니다. 저희 가정이 주님을 더욱 찬양할 수 있는 가정이 되게 하여 주옵소서. "주 안에서 항상 기뻐하라"(빌 4:4)고 하셨으니 주님의 뜻을 좇아 항상 기뻐하는 가정이 되게 하시고, 기쁨의 능력을 소유한 식구들이 되게 하여 주옵소서. 또한, 저희 가정만 기뻐하면서 사는 것이 아니라, 그 기쁨의 능력을 이웃과 함께 나누는 가정이 되기를 원합니다. 모든 사람에게 기쁨을 심어 주는 가정이 되게 하시고, 더불어 영혼이 구원되는 복된 열매도 맺게 하여 주옵소서.

기쁨과 은혜가 충만한 가정, 항상 기쁨 속에서 주님이 주시는 비전(Vision)을 세우는 가정이 되기를 원합니다. 기쁨 속에서 주님이 주시는 꿈을 이루어 갈 수 있는 가정이 되게 하여 주옵소서. 또한, 기쁨으로 헌신하고, 기쁨 속에서 봉사하며 충성하는 가정이 되기를 원합니다. 언제나 주님을 위한 희생의 삶이 기쁨의 번제물이 되게 하여 주옵소서.

예수 그리스도의 이름으로 기도합니다. 아멘

 가정을 위한 기도(2)_

마음에 새겨 놓는 약속의 말씀

감사함으로 그의 문에 들어가며 찬송함으로 그의 궁정에 들어가서 그에게 감사하며 그의 이름을 송축할지어다 여호와는 선하시니 그의 인자하심이 영원하고 그의 성실하심이 대대에 이르리로다

_시편 100편 4 ~ 5절

믿음의 위인들이 들려주는 기도

하나님의 보좌를 움직이는 기도는 바른 동기로부터 시작되는 기도입니다. 하나님은 기도하는 사람의 형식보다 그 동기를 눈여겨보십니다.

_ 조지 뮬러

감사하는 가정이 되게 하소서

사랑의 주님!

언제나 저희 가정을 품어 주시고 은혜와 사랑으로 덧입혀 주셔서 감사합니다. 하나님의 크신 사랑을 생각하며 항상 감사하게 하시고, 감사한 마음으로 힘 있게 살아가는 가정이 되게 하여 주옵소서.

삶 속에서 불만스러움이 없을 순 없겠으나 그래도 돌아갈 가정이 있고, 그리워할 부모님이 계시고, 형제자매가 있음을 감사하게 하여 주옵소서. 힘든 생활이긴 해도 배움의 터전이 있고 안식처가 있고, 특히 직장이 있으며, 기도와 말씀을 들을 수 있는 신앙의 보금자리가 있음을 감사하게 하여 주옵소서.

주님! 주위에 둘러선 많은 사람들을 기억하는 가정이 되기를 원합니다. 누가 나의 이웃이 되어 줄 수 있는가를 생각하기보다 내가 누구의 이웃이 되어 줄 것인가를 생각하는 가정이 되게 하여 주옵소서. 이웃을 생각하는 그 마음으로 항상 즐거워하게 하시고, 감사하는 가정이 되게 하여 주옵소서.

예수 그리스도의 이름으로 기도합니다. 아멘

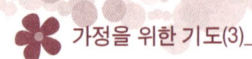 **가정을 위한 기도(3)_**

마음에 새겨 놓는 약속의 말씀

오직 위에서 난 지혜는 첫째 성결하고 다음에 화평하고 관용하고 양순하며 긍휼과 선한 열매가 가득하고 편견과 거짓이 없나니 화평하게 하는 자들은 화평으로 심어 의의 열매를 거두느니라

_야고보서 3장 17 ~ 18절

믿음의 위인들이 들려주는 기도

당신이 기도에 말할 수 없이 싫증이 나거든 거기에 항복하지 말고 더 이상 기도할 수 없다고 생각될 때까지 기도하기 위해 싸우며 노력하십시오.

_ 힐더삼

화평한 가정이 되게 하소서

사랑의 주님!

주님이 세우신 가정을 위하여 기도합니다. 주님을 믿는 가정답게 화평이 넘치는 가정이 되게 하여 주옵소서.

주님 안에서 안정과 평화를 누리며, 안식을 누리는 가정이 되게 하여 주옵소서. 식구 중에 누구라도 질병으로 고생하는 일이 없게 하시고 건강한 몸으로 주님이 분부하신 명령을 잘 지켜 행하는 가정이 되게 하여 주옵소서.

다툼과 반목으로 고생하는 일도 없기를 원합니다. 서로 이해하고 용납함으로 십자가의 주님을 닮아가게 하시고, 주님의 선하신 뜻을 이루는 가정이 되게 하여 주옵소서. 또한, 식구들이 계획하는 모든 일이 주님 보시기에 합당한 것이 되게 하시고, 평안한 가운데서 아름다운 열매를 맺게 하여 주옵소서. 수고하고 땀 흘린 그 열매들의 아름다움으로 인하여 언제나 기쁨과 은혜가 충만한 가정이 되게 하여 주옵소서.

저희의 부족을 감싸 안으시는 예수 그리스도의 이름으로 기도합니다. 아멘

 **가정을 위한 기도(4)_**

마음에 새겨 놓는 약속의 말씀

믿음은 바라는 것들의 실상이요 보이지 않는 것들의 증거니 선진들이 이로써 증거를 얻었느니라…믿음이 없이는 하나님을 기쁘시게 못하나니 하나님께 나아가는 자는 반드시 그가 계신 것과 또한 그가 자기를 찾는 자들에게 상주시는 이심을 믿어야 할지니라

_히브리서 11장 1 ~ 2, 6절

믿음의 위인들이 들려주는 기도

하나님 마음에 꼭 드는 하나님이 기뻐하시는 사람이 되면 어떤 것을 간구해도 모두 응답받게 될 것입니다.

_ 토레이

믿음이 가정이 되게 하소서

사랑의 주님!

저희 가정을 축복하여 주옵소서. 날마다 믿음이 성장하는 가정이 되기를 원합니다. 누군가의 보살핌이 있어야 겨우 유지되는 그런 믿음이 되지 않게 하시고, 주님을 위해서 아름답게 쓰임받는 성숙한 믿음의 가정이 되게 하여 주옵소서.

항상 예배를 사랑하게 하여 주시고, 주일을 기다리는 가정이 되게 하여 주옵소서. 주님을 위한 봉사도 더 풍성하게 되기를 원합니다. 언제나 넘치는 봉사로 주님을 기쁘시게 하는 가정이 되게 하여 주옵소서.

주님! 온갖 유혹 앞에서도 흔들림 없는 믿음이 되기를 원합니다. 저희 가정을 붙드셔서 어떤 악조건 속에서도 믿음의 승리를 보이는 가정이 되게 하시고 굳건한 믿음으로 다른 사람의 연약한 믿음도 세워 주고, 아픔도 싸매어 주는 가정이 되게 하여 주옵소서. 성장하는 믿음으로 언제나 주님이 기뻐하시는 가정이 되기를 원합니다.

예수 그리스도의 이름으로 기도합니다. 아멘

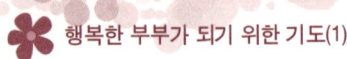
행복한 부부가 되기 위한 기도(1)_

마음에 새겨 놓는 약속의 말씀

사랑은 오래참고 사랑은 온유하며 시기하지 아니하며 자랑하지 아니하며 교만하지 아니하며 무례히 행하지 아니하며 자기의 유익을 구하지 아니하며 성내지 아니하며 악한 것을 생각하지 아니하며…
_고린도전서 13장 4 ~ 5절

믿음의 위인들이 들려주는 기도

기도는 상황을 변화시키기도 하지만 더 많은 경우에 기도는 기도하는 사람을 변화시킵니다.
_ E. M. 바운즈

행복한 부부가 되게 하소서

사랑의 주님! 저희가 이런 부부가 되게 하옵소서.

바쁘다는 이유로 서로 간의 대화가 단절되지 않게 하시고, 언제나 정다운 대화로 화목을 꽃피우는 부부가 되게 하여 주옵소서.

시련이 있을지라도 서로를 향한 사랑이 변질되지 않게 하시고, 처음 사랑을 가지고 늘 정다움을 꽃피우는 부부가 되게 하여 주옵소서.

실수가 있더라도 서로 간의 잘잘못을 따지지 않게 하시고, 서로의 허물도 은밀히 덮어 주는 다정한 부부가 되게 하여 주옵소서.

적은 소득일지라도 수고한 것을 인정해 주며, 언제나 성실한 열매를 거둘 수 있도록 격려해 주는 부부가 되게 하여 주옵소서.

원치 않는 시련이 몰려와 가정이 흔들릴 때 무거운 짐을 서로 나누어 질 줄 아는 부부가 되게 하여 주옵소서.

성공보다는 단란한 가정을 더 큰 자랑으로 여기고 하나님을 경배하는 것을 최고의 행복으로 여기는 부부가 되게 하여 주옵소서.

예수 그리스도의 이름으로 기도합니다. 아멘

행복한 부부가 되기 위한 기도(2)

마음에 새겨 놓는 약속의 말씀

말씀하시기를 그러므로 사람이 그 부모를 떠나서 아내에게 합하여 그 둘이 한 몸이 될지니라 하신 것을 읽지 못하였느냐 그런즉 이제 둘이 아니요 한 몸이니 그러므로 하나님이 짝지어 주신 것을 사람이 나누지 못할지니라

_마태복음 19장 5 ~ 6절

믿음의 위인들이 들려주는 기도

응답받지 못하는 기도는 영적 조건들이 채워지지 않았기 때문이며 하나님께서는 그 조건이 채워질 때까지 기다리십니다.

_ 존 터너

정다운 부부로 살게 하소서

사랑의 주님! 이런 부부로 살게 하옵소서.

서로가 미워할 수 없는, 언제나 사랑하고 싶은 부부로 살게 하옵소서.

서로가 피하고 싶지 않은, 언제나 가까이하고 싶은 부부로 살게 하옵소서.

서로가 숨기고 싶은 것이 없는, 언제나 진실한 대화를 주고 받을 수 있는 부부로 살게 하옵소서.

서로를 무시하지 않는, 언제나 존경하고 싶은 부부로 살게 하옵소서.

서로를 흉보지 않는, 언제나 흉내 내고 싶은 부부로 살게 하옵소서.

서로가 비판하지 않는, 언제나 닮고 싶은 부부로 살게 하옵소서.

서로가 소외감을 느끼지 않는, 언제나 친근함을 느끼는 부부로 살게 하옵소서.

서로가 고통을 느끼지 않는, 언제나 기쁨을 느끼는 부부로 살게 하옵소서.

서로가 두려움을 느끼지 않는, 언제나 평온함을 줄 수 있는 부부로 살게 하옵소서.

예수 그리스도의 이름으로 기도합니다. 아멘

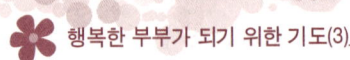

행복한 부부가 되기 위한 기도(3)_

마음에 새겨 놓는 약속의 말씀

우리는 그 몸의 지체임이라 그러므로 사람이 부모를 떠나 그의 아내와 합하여 그 둘이 한 육체가 될지니 이 비밀이 크도다 나는 그리스도와 교회에 대하여 말하노라 그러나 너희도 각각 자기의 아내 사랑하기를 자신 같이 하고 아내도 자기 남편을 존경하라

_에베소서 5장 30 ~ 33절

믿음의 위인들이 들려주는 기도

편하고 쉬운 인생을 위하여 기도하지 말고 삶의 모든 환경에 승리할 수 있는 능력 주시기를 기도하십시오.

_ 파스칼

필요를 느끼는 부부이게 하소서

사랑의 주님!

저희 부부가 서로에게 늘 이런 사이가 될 수 있게 하옵소서.

서로에게 가장 편안한 상담자로, 가장 친근한 벗으로 함께하는 사이가 되게 하옵소서.

서로에게 가장 친절한 안내자로, 가장 따뜻한 위로자로 함께하는 사이가 되게 하옵소서.

서로에게 가장 든든한 협력자로, 가장 필요한 후원자로 함께하는 사이가 되게 하옵소서.

서로에게 가장 진실한 내조자로, 가장 성실한 동역자로 함께하는 사이가 되게 하옵소서.

서로에게 가장 신실한 지혜자로, 가장 성숙한 인격자로 함께하는 사이가 되게 하옵소서.

서로에게 가장 다정한 치유자로, 가장 훌륭한 영성을 지닌 동역자로 함께하는 사이가 되게 하옵소서.

언제나 주님 앞에서 이런 부부가 되도록 도와주옵소서.

예수 그리스도의 이름으로 기도합니다. 아멘

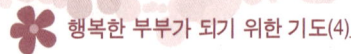

❀ 행복한 부부가 되기 위한 기도(4)_

마음에 새겨 놓는 약속의 말씀

사랑하는 자들아 우리가 서로 사랑하자 사랑은 하나님께 속한 것이니 사랑하는 자마다 하나님으로부터 나서 하나님을 알고 사랑하지 아니하는 자는 하나님을 알지 못하나니 이는 하나님은 사랑이심이라

_요한일서 4장 7 ~ 8절

믿음의 위인들이 들려주는 기도

부단히 기도하는 정신을 만들기 위해서는 보다 많은 기도의 훈련을 하여야만 합니다.

_ 포오사이스

잘못됨을 보이지 않는 부부이게 하소서

사랑의 주님!

서로 이런 모습을 보이지 않는 부부이게 하옵소서. 자주 화를 내는 것과 거짓말하는 모습을 보이지 않는 부부이게 하옵소서. 헛된 약속을 하는 것과 위선된 모습을 보이지 않는 부부이게 하옵소서.

욕심 부리는 것과 탐욕에 사로잡힌 모습을 보이지 않는 부부이게 하옵소서. 불평하는 것과 헐뜯는 모습을 보이지 않는 부부이게 하옵소서. 분을 내는 것과 다투는 모습을 보이지 않는 부부이게 하옵소서. 자만하거나 거만한 모습을 보이지 않는 부부이게 하옵소서. 판단하는 것과 미워하는 모습을 보이지 않는 부부이게 하옵소서.

무시하는 것과 괴롭히는 모습을 보이지 않는 부부이게 하옵소서. 술 취한 것과 방탕한 모습을 보이지 않는 부부이게 하옵소서. 나태한 것과 게으른 모습을 보이지 않는 부부이게 하옵소서. 교회를 멀리하는 것과 예배에 빠지는 모습을 보이지 않는 부부이게 하옵소서. 주님 앞에서 이렇게 살도록 도와주옵소서.

예수 그리스도의 이름으로 기도합니다. 아멘

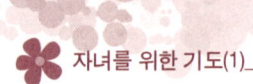 **자녀를 위한 기도(1)_**

마음에 새겨 놓는 약속의 말씀

자녀들아 주 안에서 너희 부모에게 순종하라 이것이 옳으니라 네 아버지와 어머니를 공경하라 이것은 약속 있는 첫 계명이니 이로써 네가 잘되고 땅에서 장수하리라 또 아비들아 너희 자녀를 노엽게 하지 말고 오직 주의 교훈과 훈계로 양육하라

_에베소서 6장 1 ~ 4절

믿음의 위인들이 들려주는 기도

하나님을 구하지 않는 사람들의 눈에는 하나님이 존재하지 않습니다. 하나님을 구하십시오. 그리하면 그대들 앞에 나타나실 것입니다.

_ 톨스토이

훈계를 잘 받게 하소서

사랑의 주님!

사랑하는 ㅇㅇ(이)를 위하여 기도합니다. 언제나 훈계를 잘 받을 수 있는 아이가 되게 하옵소서.

훈계하는 사람에게 이유와 변명을 앞세우지 않으며, 불만과 원망을 품는 일이 없게 하옵소서.

어떤 훈계를 받든지 감사함으로 들으며, 인생의 양약으로 삼을 수 있는 지혜로운 아이가 되게 하옵소서.

가정에서는 부모의 훈계를 잘 받아들이며, 학교에서는 선생님의 훈계를 잘 받아들이는 아이가 되게 하옵소서. 사회생활에서는 웃어른의 훈계를 잘 받아들이며, 조직생활에서는 윗사람의 훈계를 잘 받아들이는 아이가 되게 하옵소서.

주님의 말씀을 잘 경청하여 언제나 주님이 주시는 교훈과 훈계를 사랑하는 아이가 되게 하옵소서.

사랑하는 ㅇㅇ(이)가 훈계를 소중히 여기고 잘 받아들여 영광과 축복의 길로 이끄시는 주님의 은혜를 누리는 아이가 되게 하옵소서.

예수 그리스도의 이름으로 기도합니다. 아멘

 **자녀를 위한 기도(2)_**

마음에 새겨 놓는 약속의 말씀

악한 사람들과 속이는 자들은
더욱 악하여져서 속이기도 하고 속기도 하나니
그러나 너는 배우고 확신한 일에 거하라
너는 네가 누구에게 배운 것을 알며...
_디모데후서 3장 13 ~ 14절

믿음의 위인들이 들려주는 기도

너무 바쁘다고 기도하지 않는 사람은, 너무 바쁘다고 자신의 건강을 돌보지 않는 사람과 같습니다.
_ 노진항

학습의 습관과 태도가 좋게 하소서

사랑의 주님!
사랑하는 ㅇㅇ(이)를 위하여 기도합니다.
항상 좋은 학습의 습관과 태도를 갖게 하옵소서. 학습에 대한 계획을 잘 세우는 지혜가 있게 하시고, 배움에 대한 자기관리를 잘해 나가며, 창조적인 학습태도를 만들어 가는 아이가 되게 하옵소서.
학교에서나 집에서 공부할 때, 학습자의 기본철칙을 잘 지키고, 산만한 생각을 잘 다스리는 통제력을 가진 아이가 되게 하옵소서.
학년에 맞는 필요한 것들을 배워가는 과정에서 학습에 대한 태도를 바르게 하며, 선생님의 말씀에 집중하는 정서적 안정을 가진 아이가 되게 하옵소서. 무엇을 배우고 어떤 것을 익히든지 항상 자신감을 잃지 않으며, 배우고자 하는 의욕을 상실하지 않고 적극적으로 나아가는 아이가 되게 하옵소서.
학습을 통해서도 하나님이 받으시는 기쁨이 있음을 기억하여 복 있는 학습생활을 잘 만들어가는 아이가 되게 하옵소서.
예수 그리스도의 이름으로 기도합니다. 아멘

 **자녀를 위한 기도(3)_**

마음에 새겨 놓는 약속의 말씀

사람은 그 지혜대로 칭찬을 받으려니와 마음이 굽은 자는 멸시를 받으리라 타인으로 너를 칭찬하게 하고 네 입으로는 하지 말며 외인이 너를 칭찬하게 하고 네 입술로는 하지 말지니라

_잠언 12장 8절, 27장 2절

믿음의 위인들이 들려주는 기도

기도하지 않는 그리스도인이 받은 축복은 화병에 꽂아 놓은 뿌리 없는 가지에서 활짝 핀 꽃과 같습니다.

_ 여호수아

칭찬을 받을 수 있게 하소서

사랑의 주님!
사랑하는 ㅇㅇ(이)를 위하여 기도합니다.
ㅇㅇ(이)가 언제나 칭찬을 받는 아이가 되게 하옵소서.
부모에게도 칭찬을 받는 아이가 되고, 이웃 어른들에게도 칭찬을 받는 아이가 되게 하옵소서.
학교에서 사귀는 친구들에게도 칭찬을 받는 아이가 되고, 가르침을 받는 선생님에게도 칭찬받는 아이가 되게 하옵소서.
또한, 섬기는 교회에서도 칭찬을 받는 아이가 되고, 주님께도 사랑받고 칭찬받는 아이가 되게 하옵소서.
또한, 다른 사람을 칭찬하는 아이가 되게 하옵소서. 다른 사람의 단점을 발견해 내는 데 익숙한 아이가 아니라, 장점을 찾아내어 아름다운 칭찬을 선물해 주는 데 익숙한 아이가 되게 하옵소서.
칭찬 속에서 주님의 크신 사랑을 발견하며, 칭찬 속에서 주님의 크신 은혜를 깨닫는 아이가 되게 하옵소서.
예수 그리스도의 이름으로 기도합니다. 아멘

 **자녀를 위한 기도(4)_**

마음에 새겨 놓는 약속의 말씀

하나님이 이르시되 그가 나를 사랑한즉 내가 그를 건지리라 그가 내 이름을 안즉 내가 그를 높이리라 그가 내게 간구하리니 내가 그에게 응답하리라 그들이 환난 당할 때에 내가 그와 함께 하여 그를 건지고 영화롭게 하리라

_시편 91편 14 ~ 15절

믿음의 위인들이 들려주는 기도

우리가 소유할 수 있는 은혜의 분량은 우리가 드리는 기도의 분량에 의하여 결정되는 것입니다.

_ 토레이

꼭 필요한 사람이 되게 하소서

사랑의 주님!

사랑하는 ㅇㅇ(이)를 위하여 기도합니다. 언제나 이 사회에 꼭 필요한 사람이 되게 하옵소서.

이 사회에 있으나 마나 한 사람, 있어서는 안 될 사람이 되지 말게 하시고, 없어서는 안 되는, 꼭 필요한 사람이 되게 하옵소서.

이 사회에 꼭 있어야만 하는 사람이 되기 위하여 열심히 공부하여 실력을 쌓으며, 다양한 경험과 지혜를 얻기 위하여 대가를 지불할 줄 아는 사람이 되게 하옵소서. 또한 자기 발전을 위하여 끝없이 노력하며, 맡은 일은 공공의 유익을 위하여 성실히 감당하는 사람이 되게 하옵소서.

사람들을 돕거나 유익하게 하는 일이라면 먼저 하고, 사람들에게 해가 되는 일이라면 앞장서서 막아 내는 사람이 되게 하옵소서.

영화와 권세와 재물보다 사람을 얻기에 힘쓰는 삶을 살며, 특히 하나님께 인정받고 쓰임받는 사람이 되기 위하여 주님을 온전히 의지하는 사람이 되게 하옵소서.

예수 그리스도의 이름으로 기도합니다. 아멘

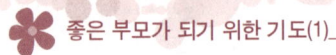 **좋은 부모가 되기 위한 기도(1)_**

마음에 새겨 놓는 약속의 말씀

보소서 주께서는 중심이 진실함을 원하시오니 내게 지혜를 은밀히 가르치시리이다 우슬초로 나를 정결하게 하소서 내가 정하리이다. 나의 죄를 씻어 주소서 내가 눈보다 희리이다.

_시편 51편 6 ~ 7절

믿음의 위인들이 들려주는 기도

홀로 기도하십시오. 기도가 아침에는 열쇠가 되며 저녁에는 빗장이 되도록 하십시오. 죄악을 대항하여 싸우는 가장 최선의 방법은 무릎으로 싸우는 것입니다.

_ 빌립 헨리

진실한 부모이게 하소서

사랑의 주님!

이런 부모가 되도록 축복하옵소서. 권위를 앞세우기보다 실수도 보듬어 주는 이해심 많은 부모이기 원합니다. 원칙을 앞세우기보다 잘못도 품어 주는 사랑 많은 부모이기 원합니다. 때로는 자녀의 말 못 할 고민을 들어 주는 친한 벗 같은 부모이기 원합니다.

조금 뒤떨어져도 나무라지 않고 더 노력할 수 있도록 격려하는 부모이기 원합니다. 경쟁 심리를 부추기기보다 때로는 양보의 미덕이 더 중요한 것임을 깨우쳐 주는 부모이기 원합니다.

얻는 것만 잘하는 것이 아니라, 때로는 잃는 것도 잘하는 것임을 깨닫게 해 주는 부모이기 원합니다. 최고가 되려는 것보다 최선을 다하는 자세가 더욱 중요한 것임을 깨우쳐 주는 부모이기 원합니다.

잘된다고 자만하거나 안 된다고 낙심하지 말아야 함을 깨우쳐 주는 부모이기 원합니다. 이런 부모가 꼭 되게 하여 주옵소서.

예수 그리스도의 이름으로 기도합니다. 아멘

🌸 좋은 부모가 되기 위한 기도(2)_

마음에 새겨 놓는 약속의 말씀

지혜 있는 자의 혀는 지식을 선히 베풀고 미련한 자의 입은 미련한 것을 쏟느니라 여호와의 눈은 어디서든지 악인과 선인을 감찰하시느니라 온순한 혀는 곧 생명나무이지만 패역한 혀는 마음을 상하게 하느니라

_잠언 15장 2 ~ 4절

믿음의 위인들이 들려주는 기도

기도가 안 되고, 기도하고 싶지 않은 순간이 바로 기도해야 하는 순간입니다.

_ 토레이

인격적인 부모이게 하소서

사랑의 주님!

이런 부모가 되도록 축복하옵소서. 아이에게 언어 폭력을 쓰지 않고 저주의 말을 쏟아내지 않는 부모이게 하옵소서. 아이를 윽박지르지 않고 온유한 마음으로 훈계하는 부모이게 하옵소서.

아이에게 언성을 높이지 않고 부드러운 말로 이해시키는 부모이게 하옵소서. 아이에게 권위적 모습을 보이지 않고 온유한 인격을 보여 주는 부모이게 하옵소서.

아이에게 비판하는 모습을 보이지 않고 긍정적인 시각을 보여 주는 부모이게 하옵소서. 아이에게 게으른 모습을 보이지 않고 최선을 다하는 모습을 보여 주는 부모이게 하옵소서.

아이에게 무책임한 행동을 보이지 않고 책임지는 모습을 보여 주는 부모이게 하옵소서. 아이에게 헛된 약속을 반복하지 않고 약속은 꼭 지키는 모습을 보여 주는 부모이게 하옵소서. 아이에게 물질을 사랑하는 모습을 보여 주기보다 주님을 사랑하는 모습을 보여 주는 부모이게 하옵소서.

예수 그리스도의 이름으로 기도합니다. 아멘

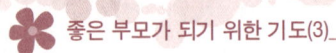

좋은 부모가 되기 위한 기도(3)

마음에 새겨 놓는 약속의 말씀

너희가 순종하는 자식처럼 전에 알지 못할 때에 따르던 너희 사욕을 본받지 말고 오직 너희를 부르신 거룩한 자처럼 너희도 모든 행실에 거룩한 자가 되라 기록되었으되 내가 거룩하니 너희도 거룩할지어다 하셨느니라

_베드로전서 1장 14 ~ 16절

믿음의 위인들이 들려주는 기도

하루(24시간)의 십일조(2시간 24분)를 성별하여 하나님께 기도로 바친 자의 삶과 그렇지 못한 자의 삶에는 아주 큰 차이가 있습니다.

_ 여호수아

닮고 싶은 부모이게 하소서

사랑의 주님!
이런 부모가 되도록 축복하옵소서.
지나친 방임으로 인하여 아이를 무례한 길로 인도하는 부모가 되지 않기 원합니다. 아이는 부모의 뒷모습을 보며 배운다는 말이 있듯이, 아이 앞에서 바른 행동을 보임으로 아이를 바른 길로 인도하는 부모가 되게 하여 주옵소서.

또한 과잉보호로 아이의 독립성을 약하게 만드는 부모가 되지 않기를 원합니다. 아이를 사랑하되 우상이 되지 않게 하시며, 주의 교양과 훈계로 잘 양육하는 부모가 되게 하여 주옵소서.

아이를 복되게 하는 부모가 되기를 원합니다. 아이가 제일 감추거나 숨기고 싶은 부모가 아니라, 아이가 제일 자랑하고 싶고 존경하는 대상이 부모이게 하옵소서. 또한 아이가 가장 본받고 싶은 대상도 부모이게 하시고, 가장 닮고 싶은 대상도 부모이게 하옵소서.

주님! 아이에게 언제나 떳떳하고 좋은 부모가 될 수 있도록 이끌어 주옵소서.
예수 그리스도의 이름으로 기도합니다. 아멘

좋은 부모가 되기 위한 기도(4)_

마음에 새겨 놓는 약속의 말씀

끝으로 형제들아 무엇에든지 참되며 무엇에든지 경건하며 무엇에든지 옳으며 무엇에든지 정결하며 무엇에든지 사랑 받을 만하며 무엇에든지 칭찬 받을 만하며 무슨 덕이 있든지 무슨 기림이 있든지 이것들을 생각하라

_빌립보서 4장 8절

믿음의 위인들이 들려주는 기도

예수 그리스도의 생애는 액체의 생애였습니다. 피로 바친 생애, 땀으로 얼룩진 생애, 무엇보다도 눈물로 살아간 기도의 생애였습니다.

- 김남준

영적인 부모이게 하소서

사랑의 주님!
이런 부모가 되도록 축복하옵소서.
아이를 세상의 방법대로 키우지 않고 하나님의 방법대로 키우는 부모이게 하시고, 아이에게 세상의 지식을 심어 주기보다 먼저 하나님의 지혜를 심어주는 부모이게 하옵소서.
아이에게 세상의 처세를 가르쳐 주기보다 먼저 하나님을 의뢰하는 법을 가르쳐 주는 부모이게 하시고, 아이에게 물질을 의지하기보다 먼저 하나님을 의지하는 법을 가르쳐 주는 부모이게 하옵소서.
아이에게 재물의 필요성을 인식시키기보다 먼저 영적인 풍요를 깨닫게 해 주는 부모이게 하시고, 아이에게 노력의 중요성만 강조하기보다 먼저 기도의 힘이 중요함을 강조하는 부모이게 하옵소서.
아이에게 성취의 기쁨을 누리게 하기보다 먼저 감사의 즐거움을 갖게 하는 부모이게 하시고, 아이에게 세상 나라를 세워 주기보다 먼저 하나님의 나라를 가르치며 영적 비전을 세워 주는 부모이게 하옵소서.
예수 그리스도의 이름으로 기도합니다. 아멘